中国古代文明系列展

Culture of Ancient China Exhibition Series

閑來弄風雅

宋朝人慢生活镜像

Elegance at Leisure

Snapshots of the Leisurely Life of People in the Song Dynasty

湖南省博物馆 编　　岳麓书社·长沙

主办单位

湖南省博物馆　四川博物院　河南省文物考古研究院
陕西省考古研究院　辽宁省博物馆　上海博物馆
安徽博物院　福建博物院　浙江省文物考古研究所
佛山市博物馆　扬州博物馆　常州博物馆

展览筹备委员会

段晓明　韦　荃　刘海旺　孙周勇　王筱雯　杨志刚
胡　敏　吴志跃　刘　斌　曹学群　束家平　林　健

总策划

段晓明　李建毛

展览协调

陈叙良　张晓娅　李　莉　袁建平　李丽辉　陈　滨　金　樊

策展人、项目负责人

王树金

展览助理

郭三娟

内容设计

王树金　郑曙斌　卢　莉　郭三娟　舒丽丽　聂　菲

形式设计

吴　倩　黄　申　赵抒清　彭　苏

展品组织

张　锋　廖　丹　喻燕姣　张艳华　王　帅　温星金　李　燕
陈　锐　覃　璇　王恩超　李海全　徐　泠　陈云侠

展览制作

陈　峰　吴　倩　黄　申　谢　涛

数字展示

何　也　刘宇驰　徐天竹　贺靖婷　许　蒙

教育活动

李茜子　卜　楠　胡伟嘉　周雪涵　朱婕妤

展品保护

刘　亮　董鲜艳　李　园　谢俭华

宣传推广

吴　镝　赵化锋　李　叶　欧　蓉　马金灿

开放服务

王晓曦　刘　薇　蒋　玮

行政保障

唐　微　谢婧婧　张　斌　张郭宁

安全保卫

刘清明　黄锋华　刘长武　吴　璜

图录出版

聂　菲　杨慧婷　谢文奕　王　超　刘慧林

摄影摄像

金　明　毕　枫　黄　桢

文创研发

李晓沙　黄志华　张　煦　张　明

目录

序 言

2019年5月18日，国家文物局局长刘玉珠在“博物馆·文化中枢”论坛的主旨发言中就今后博物馆工作的开展提出新的要求：“幸福指数是衡量民众幸福感程度的主观指标。人民群众日益增长的美好生活需要，涵盖了物质需求、精神需求和社会需求等不同层面。”“博物馆是颐养性情、陶冶情操、升华精神的重要场所，应致力于不断满足人民群众在追求身心健康、精神充实、自我完善等方面更高层次的精神需要。比如，博物馆应探索将琴、棋、书、画、诗、酒、花、香、茶等中华优秀传统文化，通过展览、教育活动等表达方式融入当今生活，提升人民生活品质。此外，有实践显示，博物馆、美术馆能够在心理干预、心理疏导、心理疾病治疗等方面发挥潜移默化的功效。”

作为当今社会的一分子、当地社区的成员，博物馆是否可以在关注当下社会现实问题、关注民生的基础上，思其所思，想其所想，策划出可以引领人们有效利用业余时间调整生活态度、提升生活品位的主题展览呢？

因此，我们想策划一个反映古人慢生活的展览，引导世人在工作之余，学习古人积极向上的生活态度与生活方式，放慢匆忙的脚步，放松紧张的心情，提升自己生活的幸福指数。陈寅恪先生指出：“华夏民族之文化，历数千载之演进，造极于赵宋之世。”日本学者宫崎市定将宋代誉为“东方的文艺复兴”。经过讨论，我们挑选了宋朝这一时段中的一个特殊群体——文人雅士，策划了“闲来弄风雅：宋朝人慢生活镜像”特展。

本展览由湖南省博物馆联合四川博物院、河南省文物考古研究院、陕西省考古研究院、辽宁省博物馆、上海博物馆、安徽博物院、福建博物院、浙江省文物考古研究所、佛山市博物馆、扬州博物馆、常州博物馆等11家兄弟单位共同主办，

拟通过88件/套文物的有机组合，从文人雅士的日常生活中选取9个片段进行复原，展示宋朝文人雅士在抚琴对弈、泼墨挥毫、品茗饮酒、焚香赏花、鉴古赏玩等世俗生活中感受人生的真味，忘却现实的烦恼，尽情享受一种超凡脱俗、优雅精致的生活。

宋朝文人兼济世之志与独善之心，得到了前所未有的完美统一。儒家的平和谦恭、道家的清净自然、佛家的明心见性，使得他们无论得志或失意，都能表现从容气度，不追求权力与财富，重视生活的品位与情趣，知道自己生命的意义所在。

我们希望通过本展览可以为观众营造一个没有讲解的、安静的、可以闲庭信步的观展环境。为此，在展览内容策划、艺术设计、教育活动等方面首次大胆融合提升，把展厅设计成为具有当代简约风格的庭院场景，在视觉上增加了点茶流程与隔火熏香的动画演示等，听觉上以古琴音乐为背景吸引观众全程欣赏，触觉上观众可以纹枰对弈、古琴爱好者可以抚琴自弹，味觉上观众可以体验品尝点茶，嗅觉上可以在插花焚香部分闻到幽幽的香气，调动观众的五官体验。沉浸式的观展体验可以引导观众与宋朝文人雅士进行一次心灵上的对话，当代简约风与宋朝文人崇尚简约之风既有呼应，又可以拉近观众的心理距离，属于古今相互呼应式的“镜像”对照，借此唤醒当下疲于应对世情纷扰、生活节奏快的人们，放慢匆忙的脚步，放松紧张的心情，学习宋朝人热爱生活、回归自然、追求生活的品质、培养优雅的心性、建立纯洁的友情，从而达到提升幸福指数的目的。

湖南省博物馆馆长：

图 录

展厅布局平面图

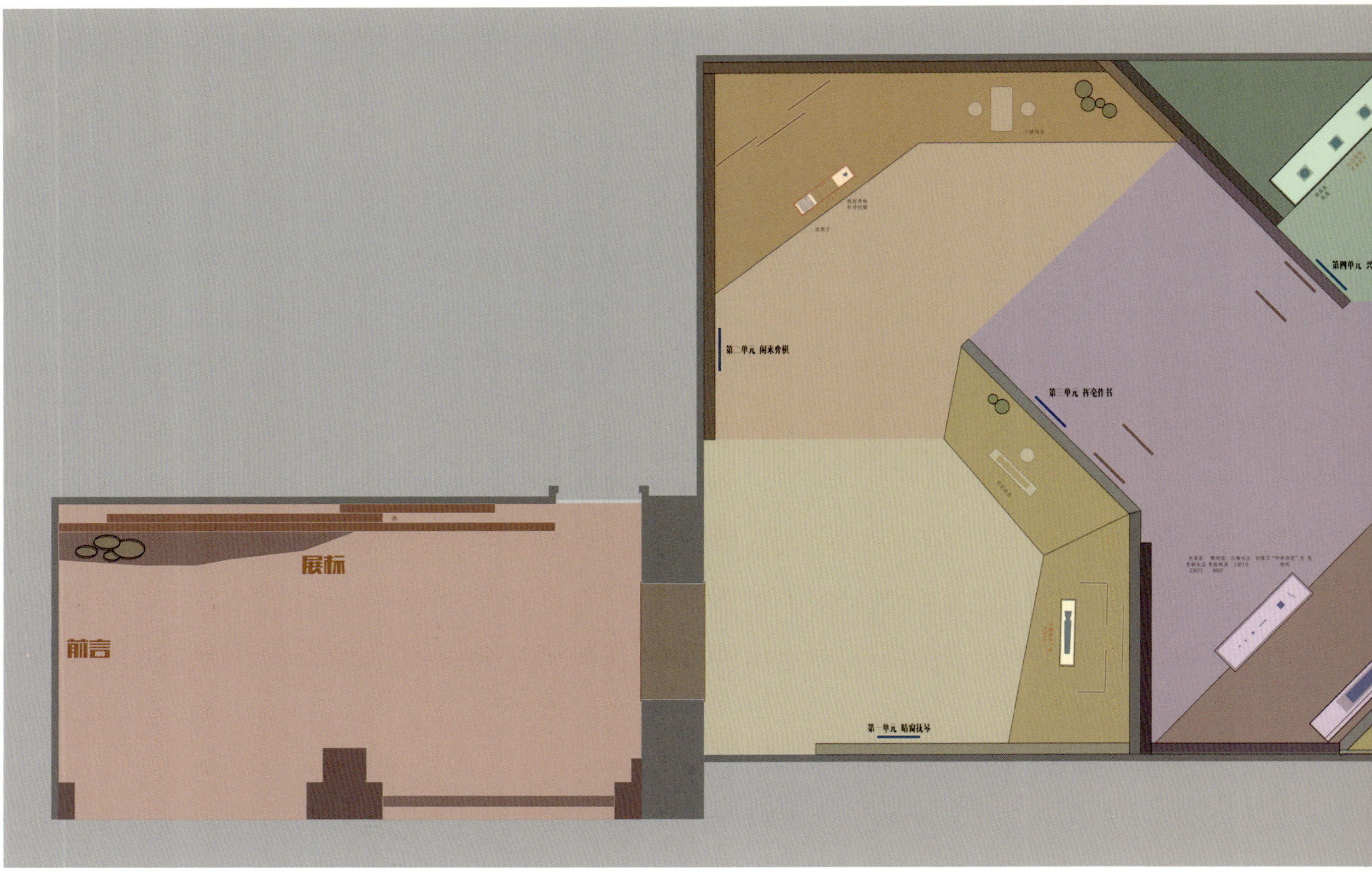

第五单元 品茶论道
第七单元 折枝插花
第六单元 把酒临风
第八单元 燕居焚香
第九单元 博古清赏

展厅布局轴测图

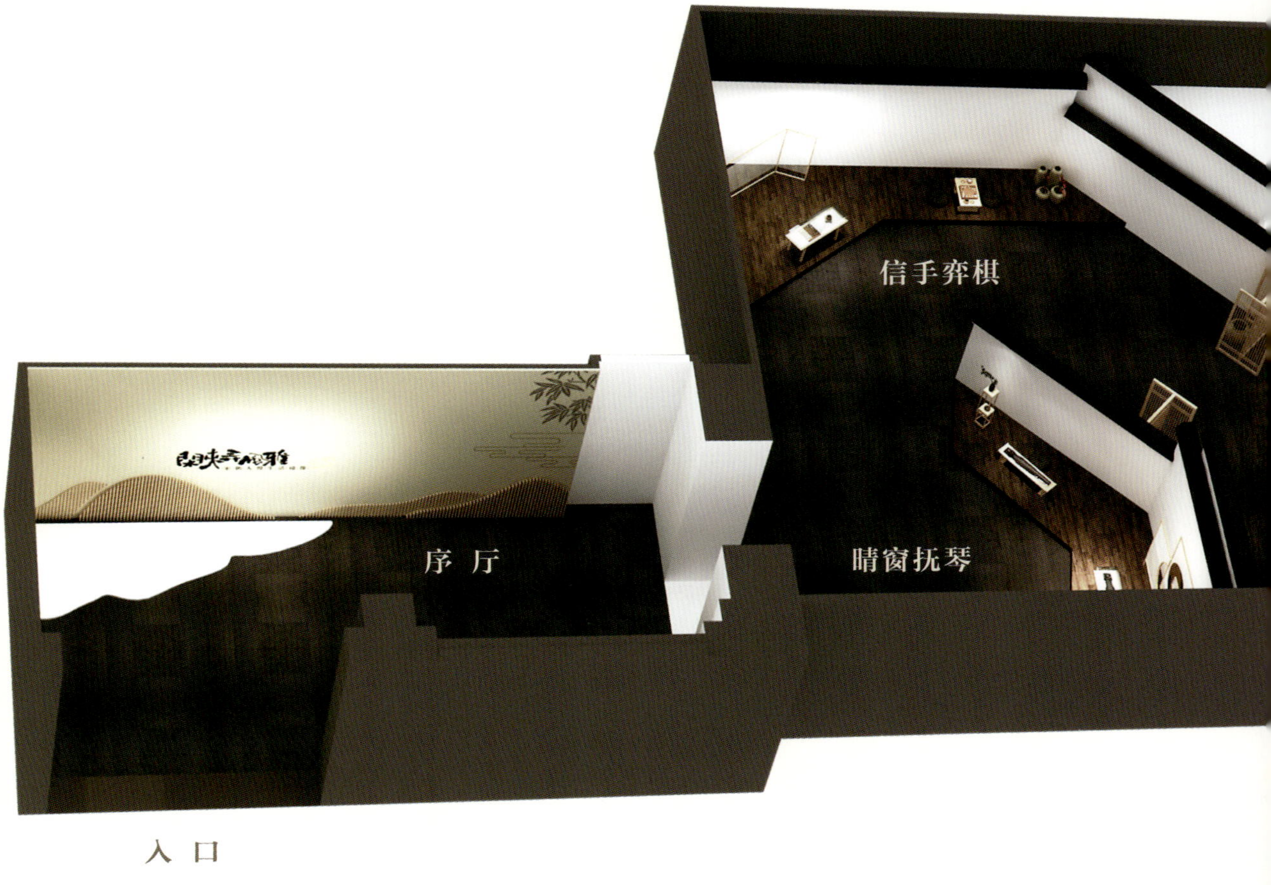

折枝插花
兴起作画
把酒临风
燕居焚香
挥毫作书
品茶论道
玩古清赏
尾 厅
出 口

前言
宋朝文人雅士大多饱读诗书，兼济世之志与独善之心。儒家的平和谦恭、道
家的清净自然、佛家的明心见性，使得他们无论得志或失意，都能表现从容气
度，不追求权利与财富，重视生活的品味与情趣，知道自己生命的意义所在。
居庙堂之高，则“先忧后乐”，尽展治国平天下之雄心壮志；
面对生活与仕途的起伏，“不以物喜，不以己悲”，追求内心的平静。
闲暇之余，放慢心情，向往自然，从容享受生活，思考人生。
抚琴对棋，写字作画，饮茶品酒，插花熏香，玩古雅聚，作为一种风雅的生
活范式与文化现象，令一代代后人追慕、效仿。

閑來弄風雅
宋朝人慢生活镜像

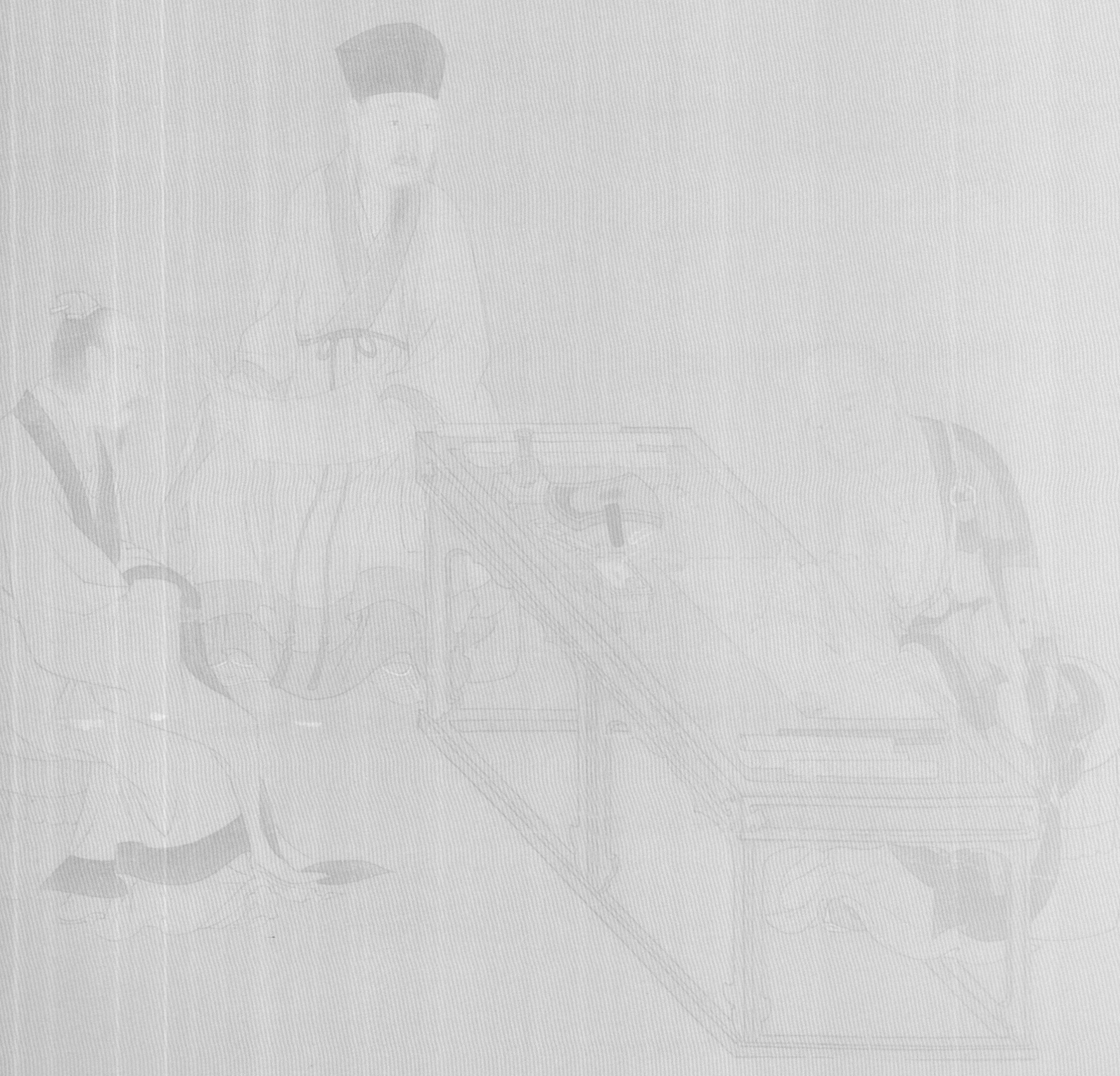

前言

宋朝文人雅士大多饱读诗书，兼济世之志与独善之心。儒家的平和谦恭、道家的清净自然、佛家的明心见性，使得他们无论得志或失意，都能表现出从容气度，不追求权力与财富，重视生活的品位与情趣，知道自己生命的意义所在。

居庙堂之高，则“先忧后乐”，尽展治国平天下之雄心壮志。

面对生活与仕途的起伏，“不以物喜，不以己悲”，追求内心的平静。

闲暇之余，放慢心情，向往自然，从容享受生活，思考人生。

抚琴对弈，写字作画，饮茶品酒，插花熏香，玩古雅聚，作为一种风雅的生活方式与文化现象，令一代代后人追慕、效仿。

[一] 晴窗抚琴

文人造就的时代，成就闲淡平和的文人。相对宽松的社会环境，使他们能坦然面对世间百事，精心经营着一片安静闲逸的精神家园。抚琴受到前所未有的追捧，以琴自娱，以琴知音，以琴寄情。文人随身携琴，赏玩山水，吟风弄月，淡泊名利，追求“一张琴、一壶酒、一溪云”这般清高而诗意的生活方式。琴，正是文人寄情遣兴、追求完美人格的生活方式和独善其身、遗世独立的精神象征。

晴窗抚琴

“万壑松风”琴

宋〔960—1279〕

通长 116.7 厘米，隐间 108 厘米，琴额宽 17.6 厘米

湖南省博物馆藏

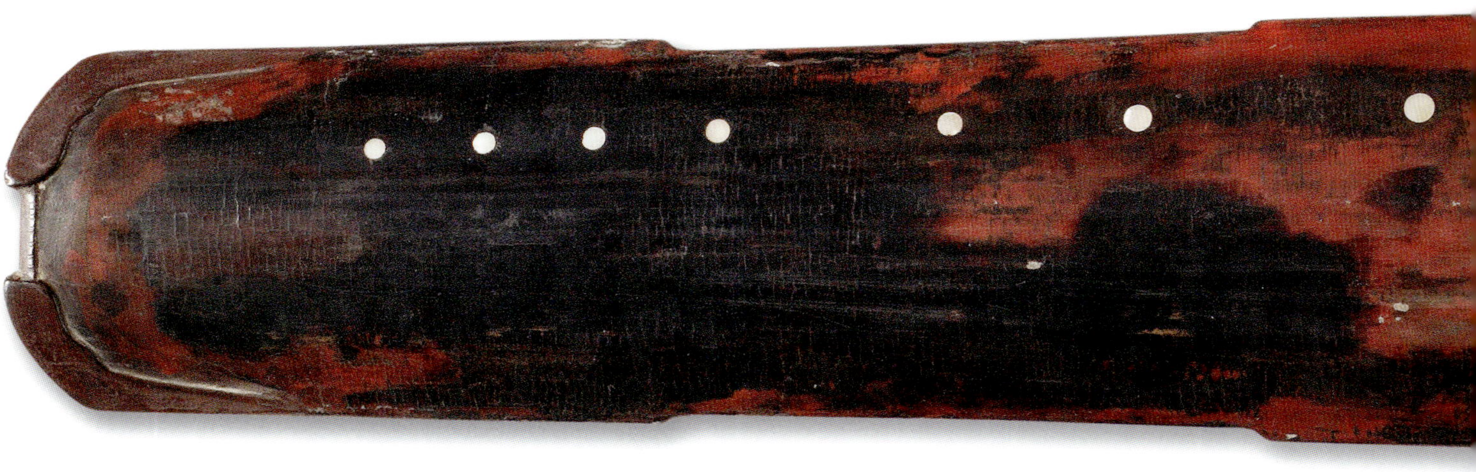

斫制，漆色明亮。琴面为桐木，琴底为梓木，冠角、岳山、承露由硬木所制。玉质雁足，和田青白玉琴轸，蚌徽。制作时选用不同材质、不同颜色，搭配起来浑然一体，隐隐透露出低调奢华之感。琴面有龟背断，琴底有冰裂断，面与底同有流水断、牛毛断。龙池上方刻琴名“万壑松风”四字。龙池和凤沼所见题铭与印铭，皆为后世藏家所刻。

宋朝文人的音乐修养极高，宋词可唱成曲，而文人不可不备琴。琴的韵味是虚静高雅的，要达到这样的意境，要求弹琴者必须将外在环境与平和闲适的内在心境合而为一，才能达到琴曲中所追求的心物相合、人琴合一的艺术境界。他们常抚琴于晴窗、松溪、竹林，或依案、临溪、倚石，目送归鸿、心游太玄，在乐音里感悟自然和生命的玄奥。因琴清、淡、和、雅的音乐品格是琴乐标榜和追求的审美情趣，寄寓了文人风凌傲骨、超凡脱俗的处世心态，从而在“琴棋书画”四艺中居于首位。

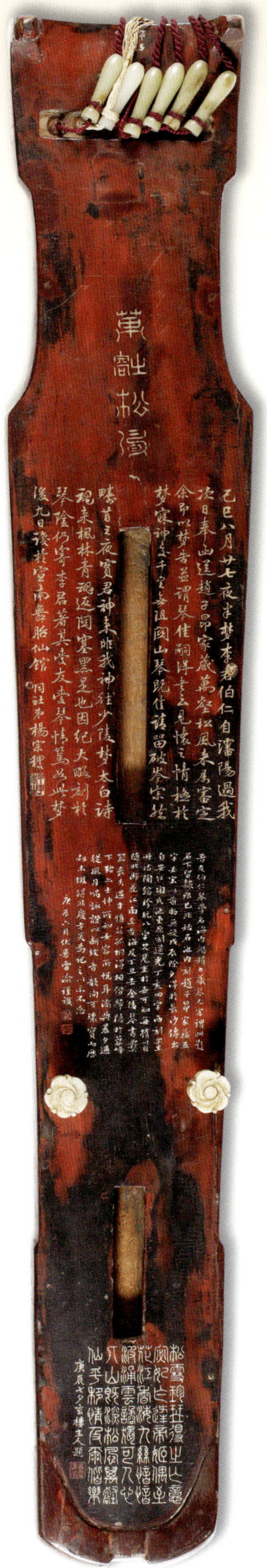

『万壑松风』琴背面

龙池上方“万壑松风”铭文

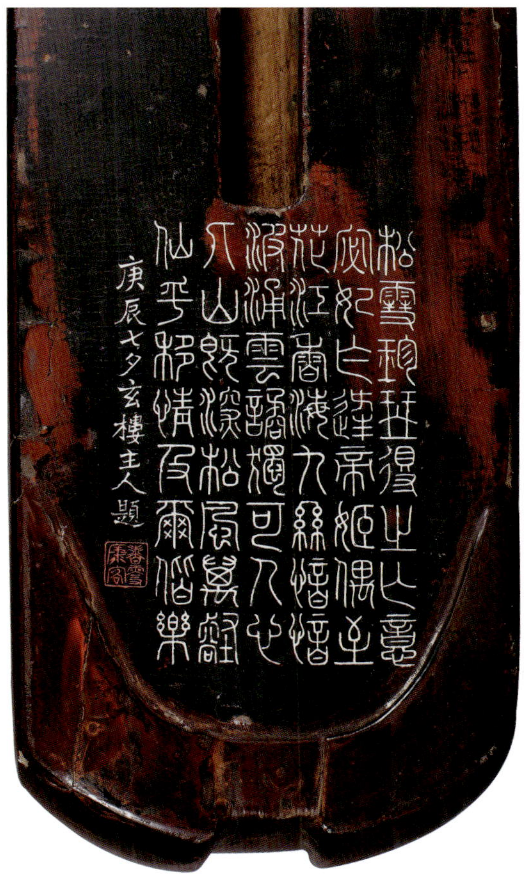

凤沼下方所刻诗文

松雪珍琴，得之亡意，
宓妃乍逢，帝姬偶至。
花江香海，九丝愔愔，
波涌云谲，独可人心。
入山既深，松风万壑，
仙乎移情，及尔偕乐。

庚辰七夕玄楼主人题

[二] 信手弈棋

宋朝文人雅士多对围棋喜爱有加，将弈棋与饮茶、弹琴、写诗、绘画引为风雅之事。围棋、象棋、打马、叶子戏之类，是能让他们在平日工作之暇调节一日的劳累，并恢复精力、斗智竞技的游戏。弈棋是一项休闲活动，下棋可以使人忘去忧烦，心情愉悦，正如同宋徽宗所说："忘忧清乐在枰棋。"信手弈棋的悠闲生活，是文人雅士自得其乐、自我陶冶的雅好和坐隐忘忧、寄寓恬淡冲和、从容超脱的性灵追求。

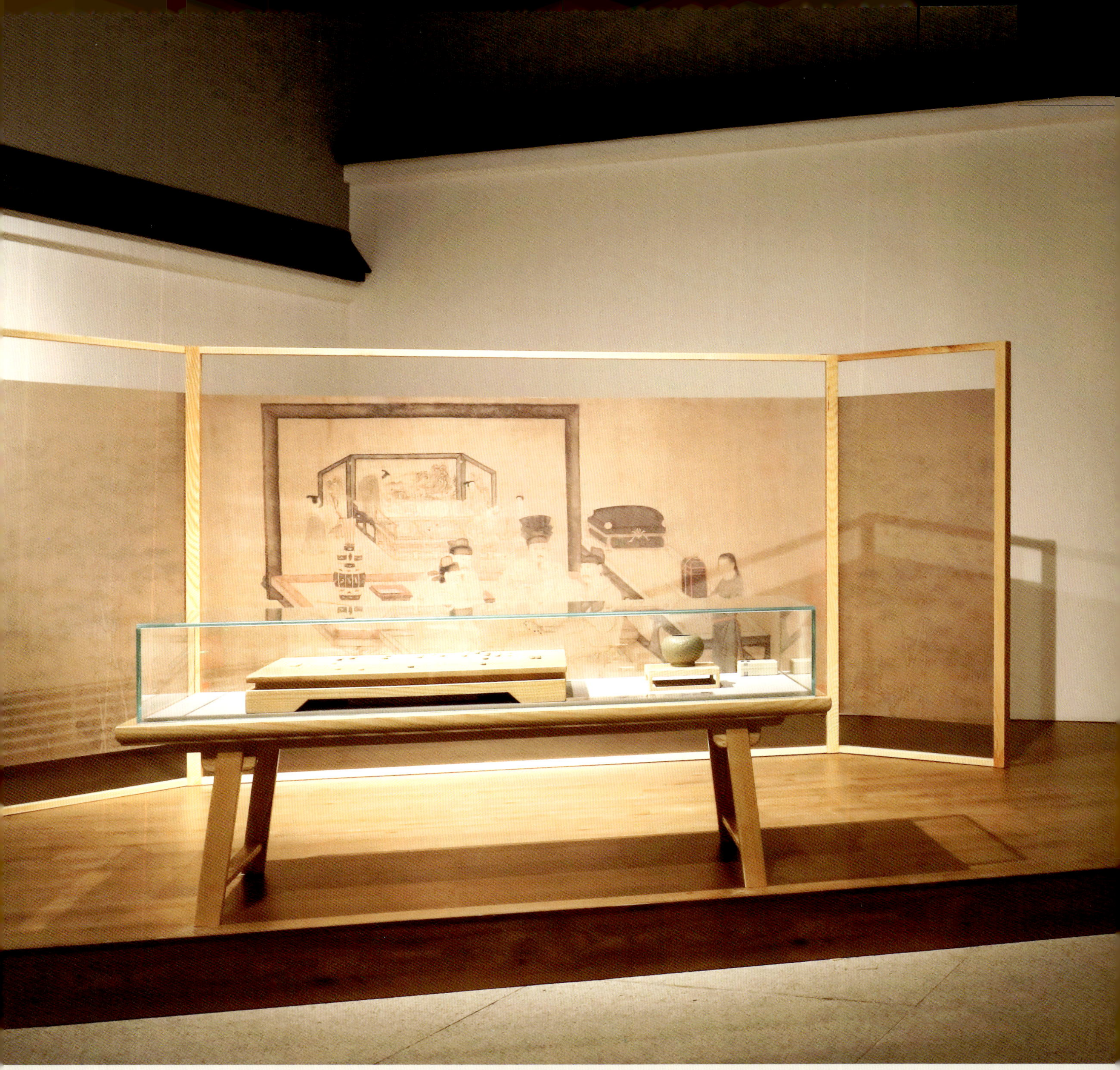

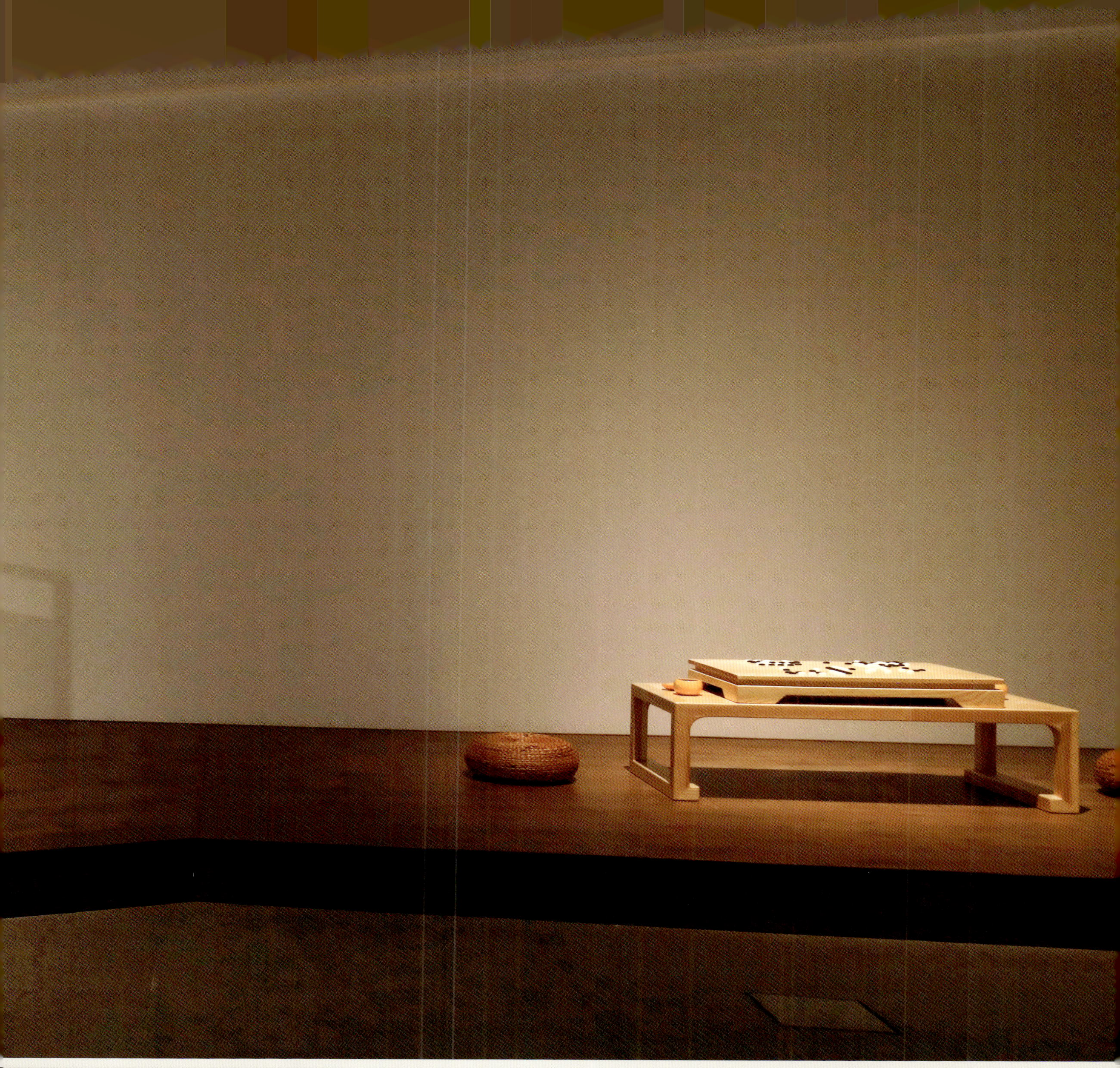

围棋子

北宋〔960—1127〕

直径 1.4—1.8 厘米，厚 0.3—0.5 厘米

陕西蓝田吕氏家族墓出土

陕西省考古研究院藏

围棋黑子为泥质灰黑陶、白子为泥质白陶制成。白棋子 127 枚，黑棋子 113 枚。

围棋是一种策略型两人棋类游戏，属“琴棋书画”四艺之一。围棋使用长方形格状棋盘及黑白二色圆形棋子进行对弈，棋盘上有纵横各 19 条线段将棋盘分成 361 个交叉点，棋子走在交叉点上，双方交替行棋，落子后不能移动，以围地多者胜。围棋是需要动脑筋的游戏，若不想劳心费神，旁观别人对弈，也可以得到乐趣。棋艺重视品性修养、才情展现、精神安顿，使围棋拥有神妙玄远的旨趣、仁义礼智的品格，从游戏小艺走向雅人深致。

越窑青釉牡丹纹罐

北宋〔960—1127〕

高 9.5 厘米，口径 6.25 厘米，底径 7.1 厘米

上海博物馆藏

围棋罐，用来装盛围棋子。外形近似球形，腹部饰以对称刻画牡丹纹，矮圈足。造型丰满秀美，釉质浑厚滋润，如冰似玉。围棋棋具分为棋盘、棋子和盛放围棋子的器具等。围棋罐作为盛装棋子的器具，有陶、瓷、竹、木、玉、石等多种材质，尤以瓷质居多。瓷罐器形端庄古朴，为对弈者增添了几分风雅。

[三] 挥|毫|作|书

书法发展到宋朝，与诗文创作结合得更加紧密，宋朝文人士大夫既是卓具才情的诗人，亦是各具趣味的书法家。他们沉浸在笔墨纸砚的小小天地，抒写自己对社稷的担忧，对生命的理解，对万物的欣赏。从他们“尚意”的作品及讲究的书写工具中，我们可以体会到一种质朴、隽永的境味。

毛笔

宋〔960—1279〕

杆长 16.1 厘米，锋长 3.8 厘米，笔帽长 11.6 厘米

2006 年江苏常州常宝钢管厂宋墓出土

常州博物馆藏

笔管、笔套为芦秆制作，狼毫笔头，接入笔管的一端用丝织物包裹。笔在文房用具中排第一，是写字作画最重要的工具。先秦秦汉时笔杆较细，笔毫直接埋入笔杆内。晋唐时期，随着书法渐兴，笔杆开始加粗，笔毫纳入笔杆。

宋朝以后书写纸张尺幅越来越大，高式家具如桌椅等盛行，人们由席地而坐悬腕书写逐渐变为端坐书桌，手肘有了依靠，书写习惯改变，毛笔直接用一种或两种毫毛扎成笔头埋入笔杆，从而达到贮墨多、书写更随心的需求。

“仲举澄泥”铭砚

北宋〔960—1127〕

高 3.2 厘米，砚面 17 厘米 ×16.8 厘米，底 16 厘米 ×15.6 厘米

江苏扬州市郊城北三星村宋墓出土

扬州博物馆藏

此砚是宋朝澄泥砚的佳作。澄泥质地细腻，砚面残留墨迹，边围回形砚池，其形制简洁，吻合了当时文人对砚台的审美。欧阳修曾言“虢州澄泥，唐人品砚以为第一，而今人罕用矣”。

宋人的“文房四宝”中以砚台陪伴主人的时间最长，也往往为主人所宝。苏轼、米芾等文人均爱砚成痴，不仅收藏名砚，亦喜作砚铭。米芾著有《砚史》一卷，提出砚台当以“发墨为上，色次之，形制工拙又其次”，主张砚贵其用，不贵雕饰。苏轼也认为：“砚之美，止于滑而发墨，其他皆余事也。”正因为他们注重实用的偏好，宋朝的砚台形制朴实简约，并形成了追捧端砚、歙砚的高峰。

『仲举澄泥』铭文

铜镇尺

南宋〔1127—1279〕

长 27 厘米，宽 2.4 厘米

福建福州茶园山许峻墓出土

福建博物院藏

此对铜镇尺与笔、墨、砚同出，为扁平长条形，背面光滑，正面装饰两道精细的回纹，中间部位有一兽形钮为捉手。

镇尺又称书镇、压尺、界尺，可用于镇书，也可压纸，宋朝书画用纸尺幅较前朝明显增大，镇尺的出现或与此变化有关。

白釉水注

宋〔960—1279〕

通高 7 厘米，口径 3.5 厘米，底径 3.6 厘米

1976 年湖南长沙杨家山宋墓出土

湖南省博物馆藏

盖面矮拱形，钮泥条形，盖边沿有凸棱一周。器身敛口、圆肩，肩部一侧有圆状短流，一侧置扁状柄，鼓腹，下腹斜收。白釉，胎体轻薄。

衡州窑青釉砚滴

宋〔960—1279〕

高6.5厘米，口径0.9厘米，底径2.3厘米

1954年湖南长沙仰天湖安装公司墓葬出土

湖南省博物馆藏

器身仿葫芦形，小巧精致。小口，球形腹，上腹较小，束腰，下腹较大，平底。

龙泉窑青釉水盂

南宋〔1127—1279〕

高 3.2 厘米，口径 5 厘米，底径 3.8 厘米

湖南省博物馆藏

敛口，折肩，斜腹，平底。青釉，釉色清亮，玻璃质感较强，通体布满大块开片。

挥毫作书

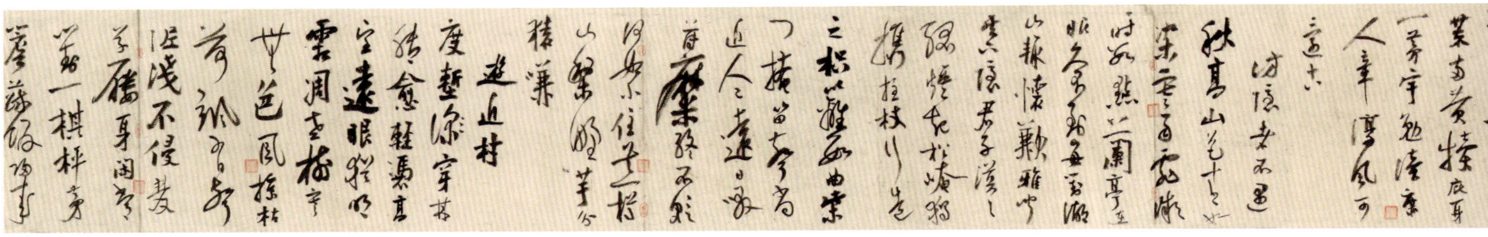

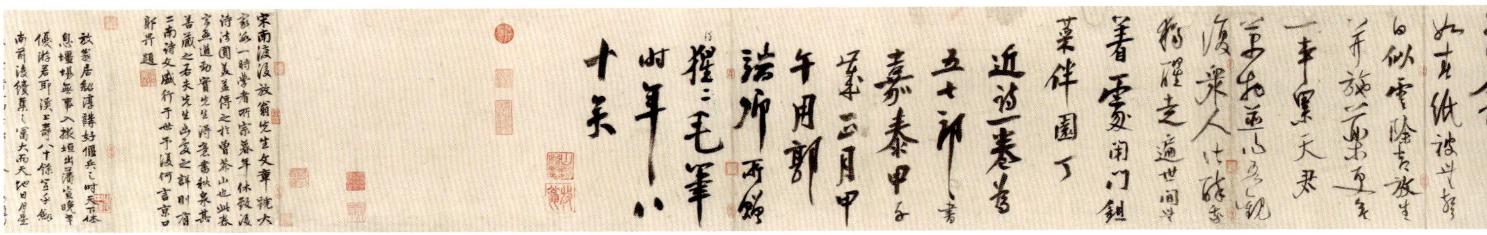

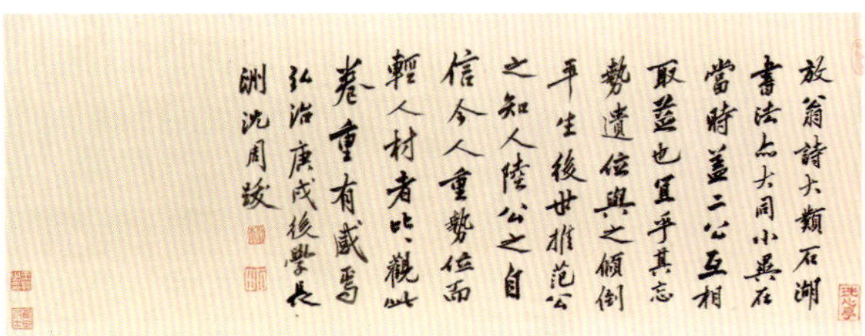

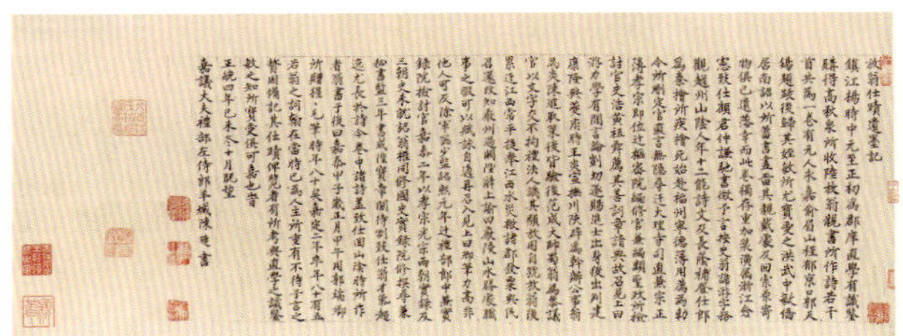

陆游 自书诗卷

南宋嘉泰四年〔1204〕

纸本

纵 31 厘米，横 701.5 厘米

辽宁省博物馆藏

【款识】“近诗一卷，为五七郎书。嘉泰甲子岁正月甲午，用郭端卿所赠猩猩毛笔，时年八十矣。”

【钤印】“山阴始封”“放翁”

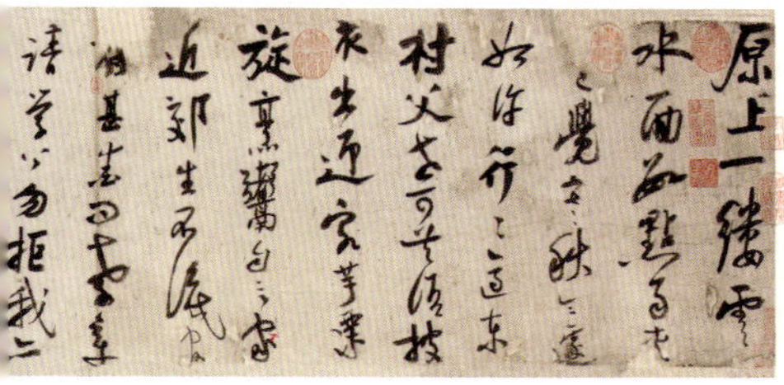

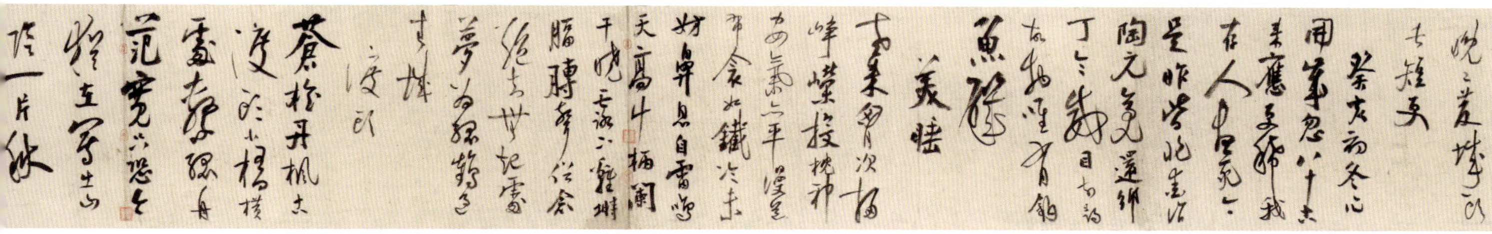

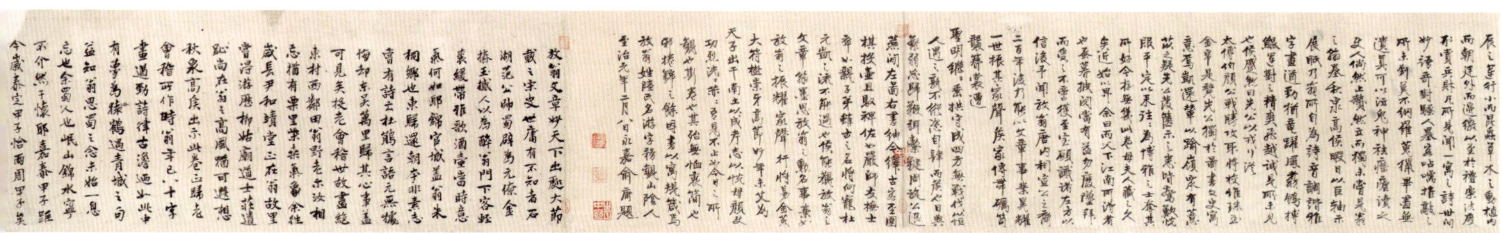

此书法长卷为陆游〔1125—1210〕退隐家乡的次年所作，时年八十岁，记自作诗八首：《记东村父老言》（原题缺）、《访隐者不遇》、《游近村》、《癸亥初冬作》、《美睡》、《渡头》、《杂书》（二首），描述了其归隐后恬淡自足的村居生活，亦抒发了对漫长人生路的感慨和超脱。

书写极其放松，然笔力遒劲、气势磅礴，八十放翁，可谓人书俱老！

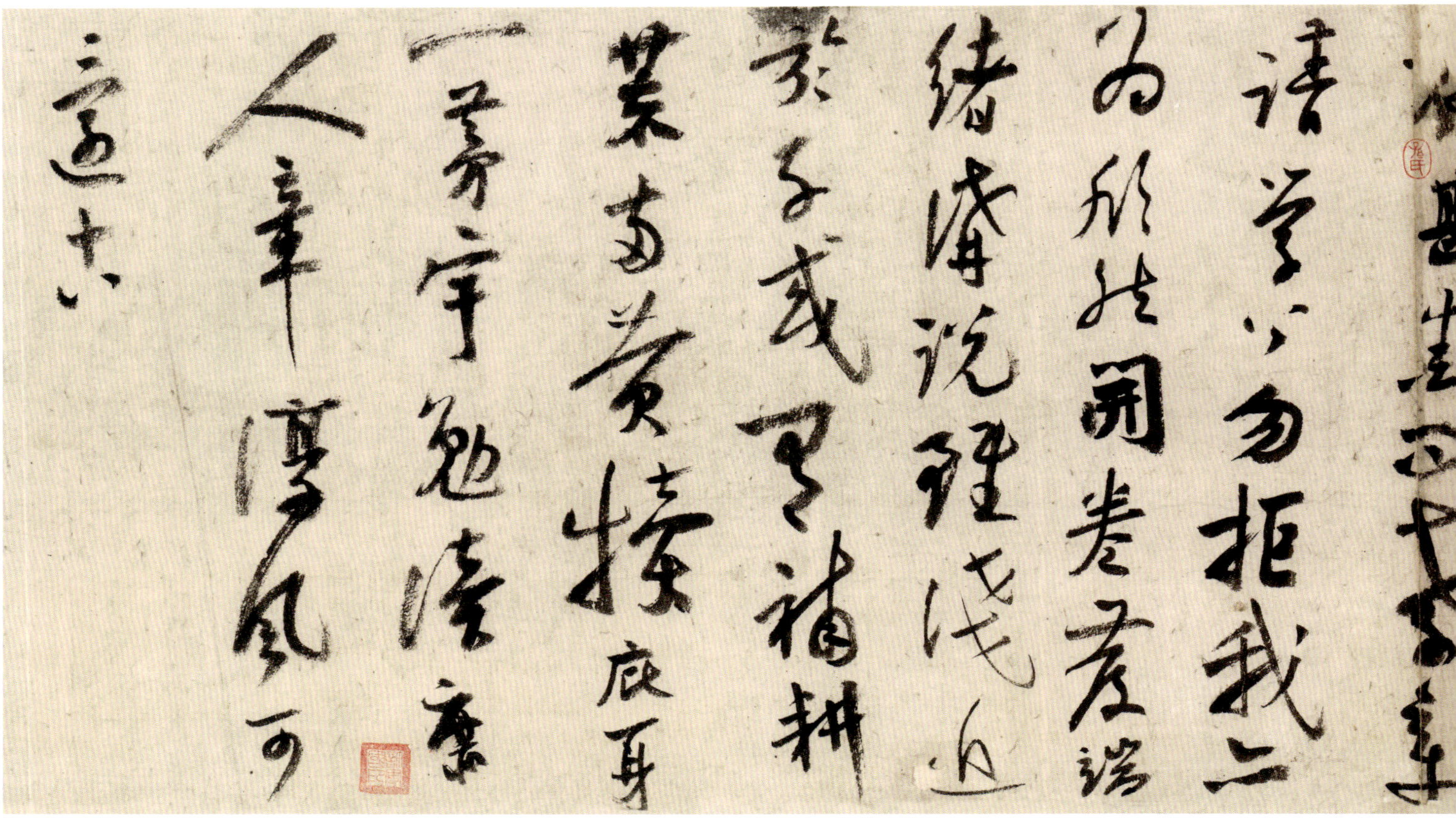

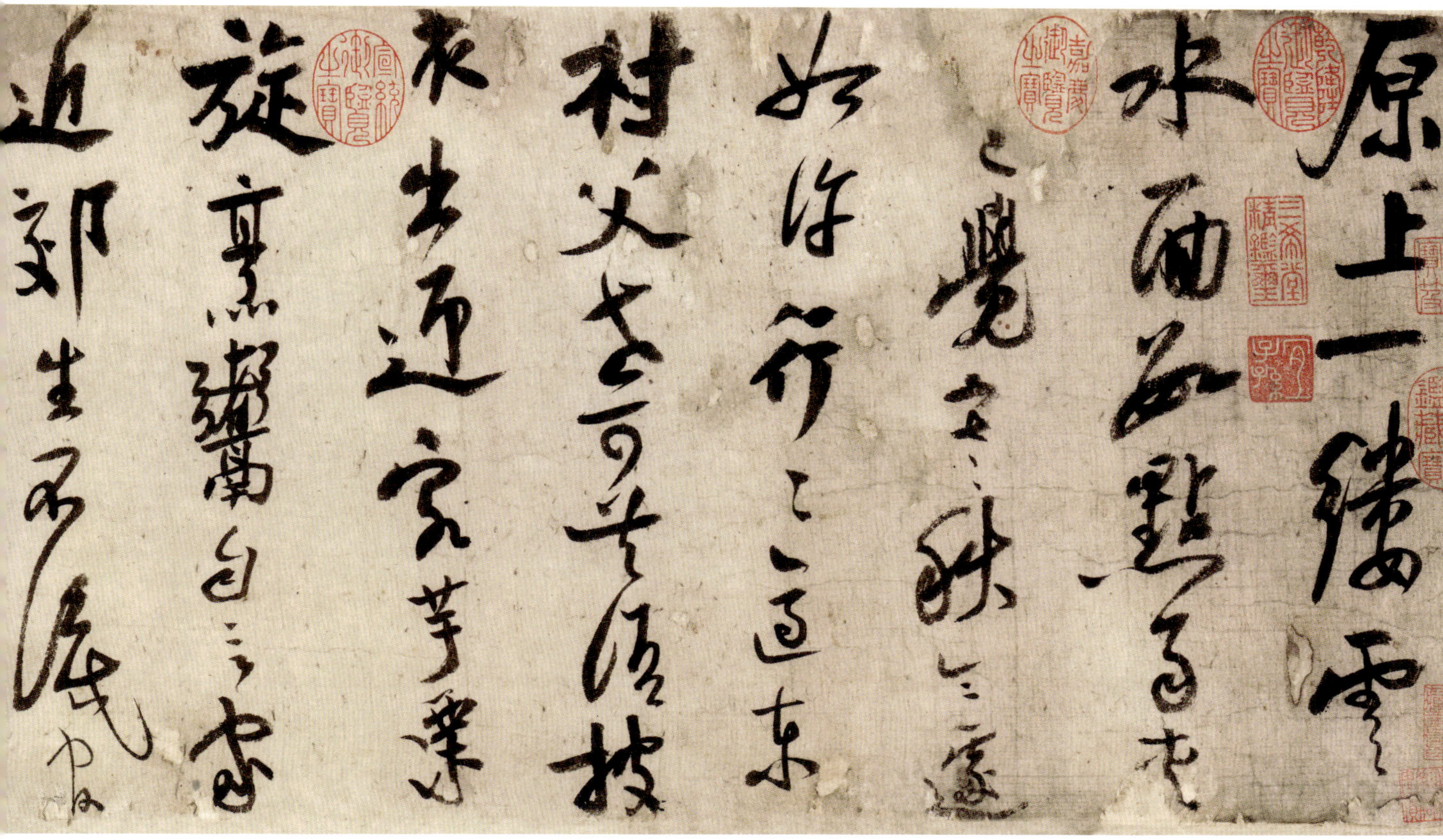

【释文】

记东村父老言

原上一缕云，水面数点雨。
夹衣已觉寒，秋令遽如许。
行行适东村，父老可共语。
披衣出迎客，芋栗旋烹煮。
自言家近郊，生不识官府，
甚爱问孝章，请学公勿拒。
我亦为欣然，开卷发端绪，
讲说虽浅近，于子或有补。
耕荒两黄犊，庇身一茅宇，
勉读庶人章，淳风可还古。

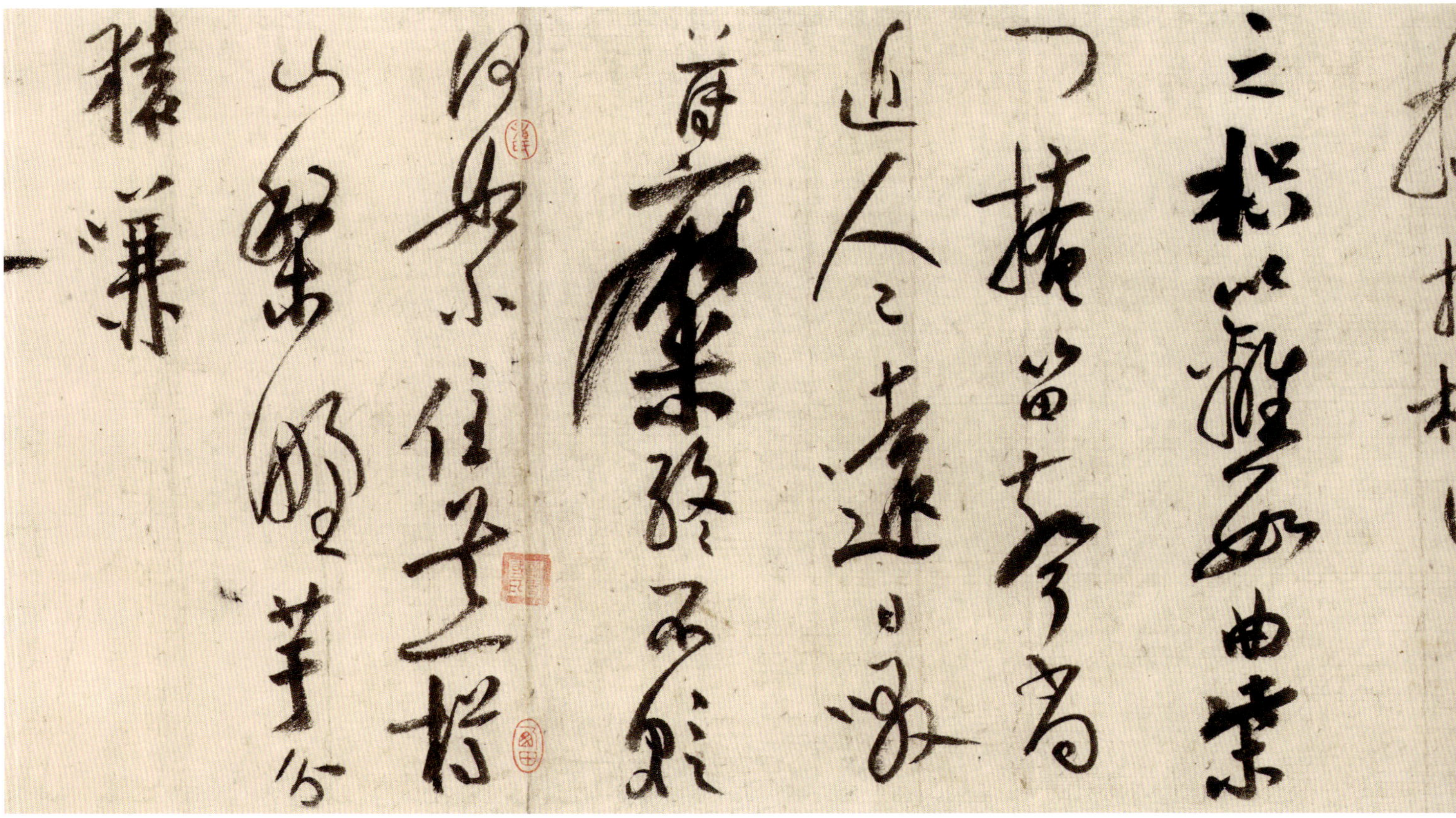

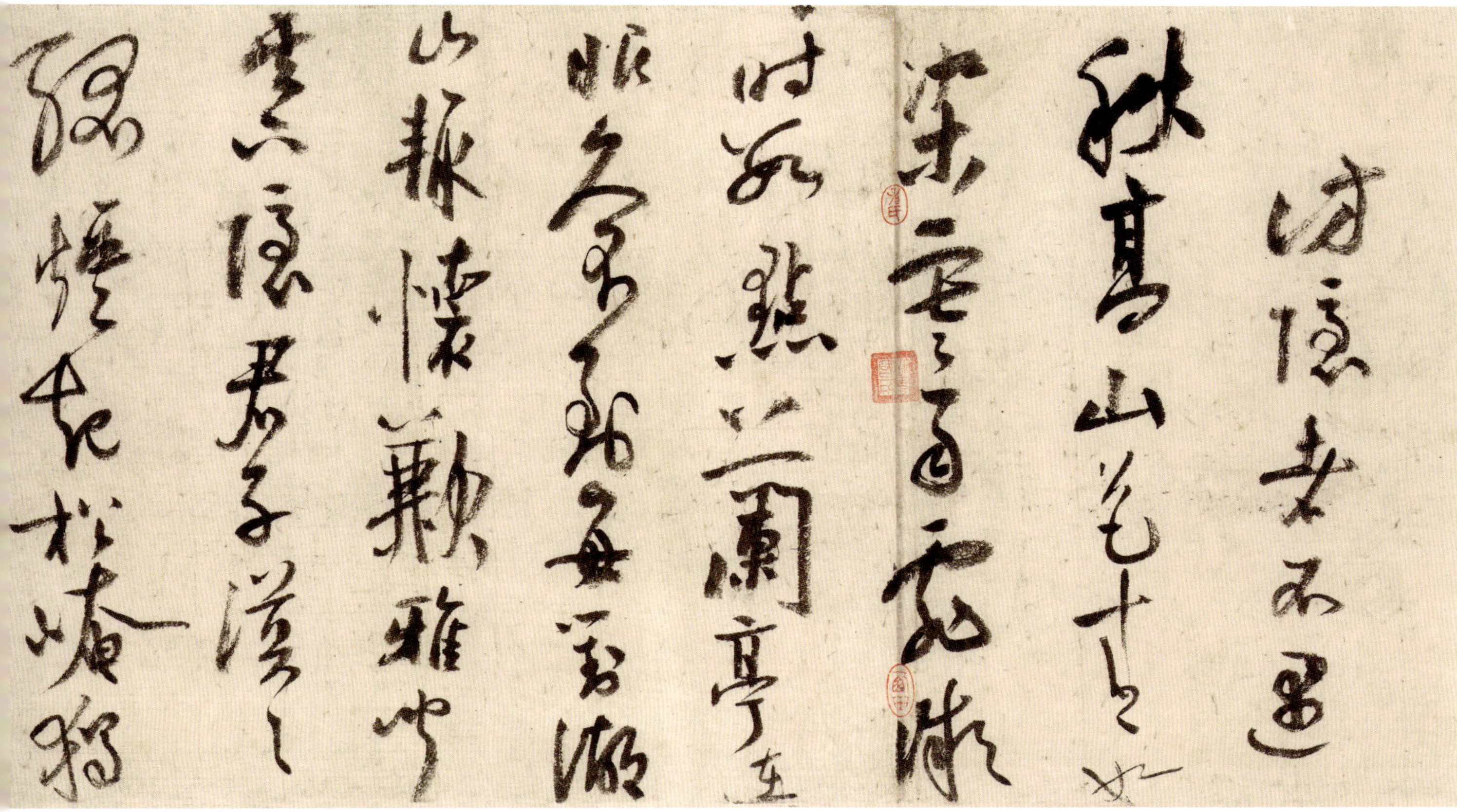

访隐者不遇

秋高山色青如染，寒雨霏微时数点。
兰亭在眼久不到，每对湖山辄怀歉。
雅闻其下隐君子，漠漠孤烟起松崦。
独携拄杖行造之，枳篱数曲柴门掩。
笛声尚近人已远，日啜薄糜终不贬。
何如小住共一尊，山黎野芋分猿嗛。

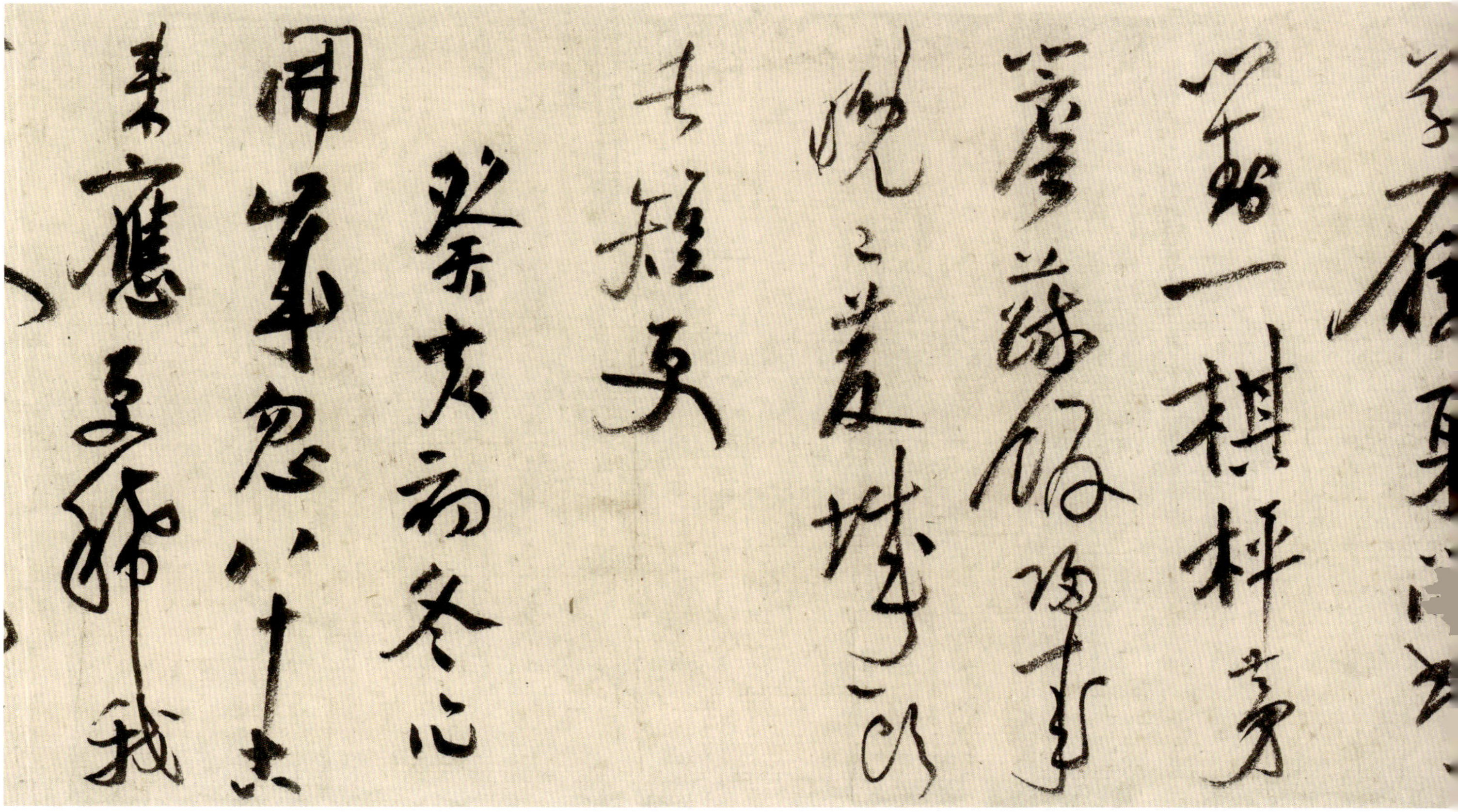

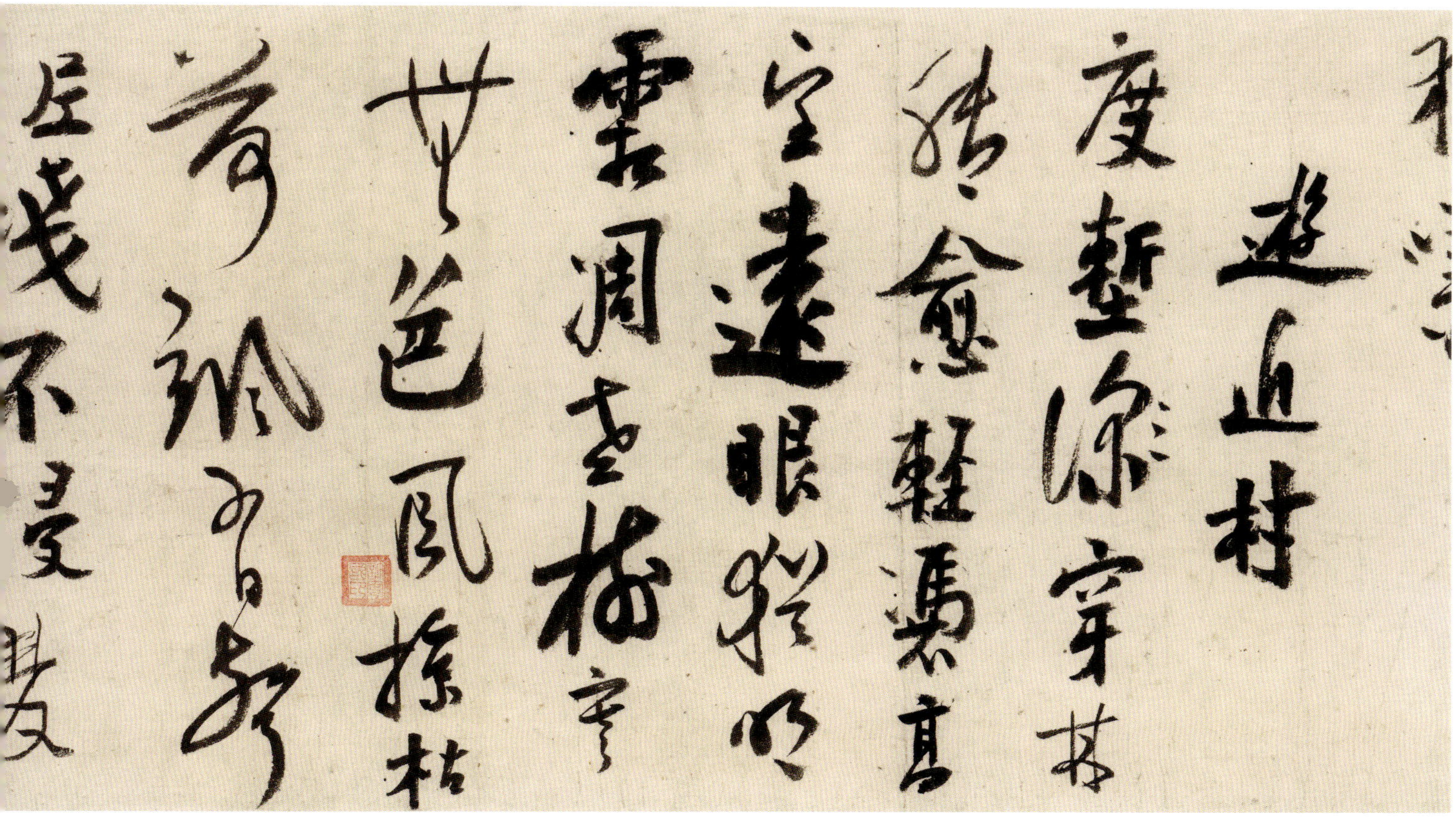

游近村

度堑穿林脚愈轻，凭高望远眼犹明。霜凋老树寒无色，风掠枯荷飒有声。泥浅不侵双草屦，身闲常对一棋枰。茅檐蔬饭归来晚，已发城头长短更。

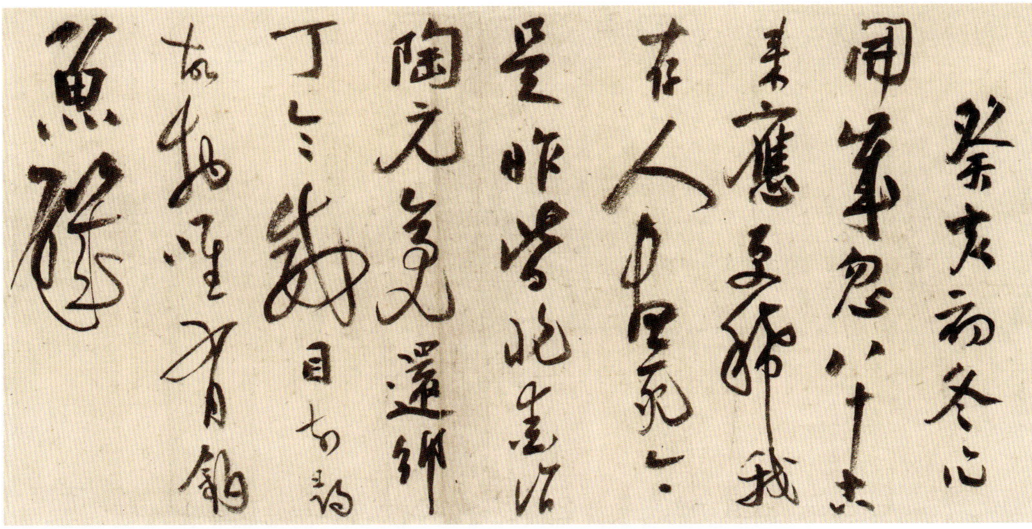

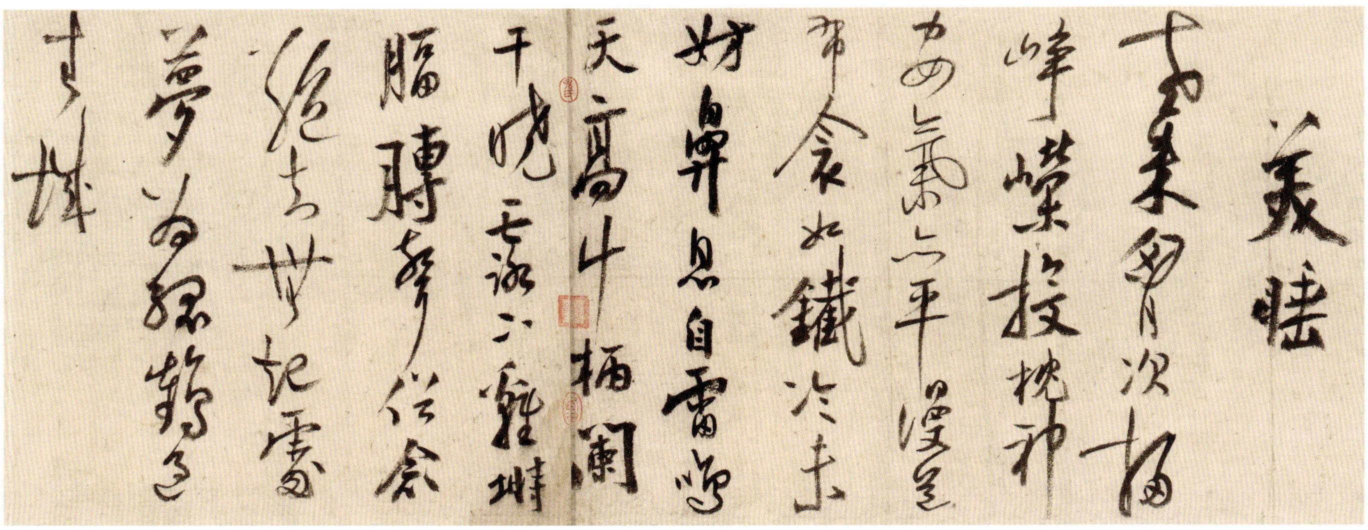

癸亥初冬作

开岁忽八十，古来应更稀。
我存人尽死，今是昨皆非。
爱酒陶元亮，还乡丁令威。
目前寻故物，唯有钓鱼矶。

美睡

老来胸次扫峥嵘，投枕神安气亦平。
漫道布衾如铁冷，未妨鼻息自雷鸣。
天高斗柄阑干晓，露下鸡埘腷膊声。
俗念绝知无起处，梦为孤鹤过青城。

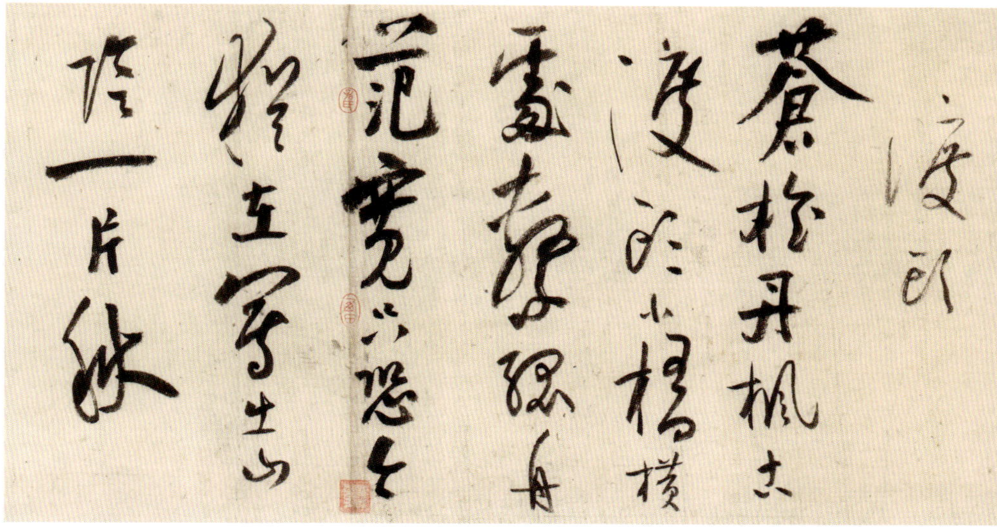

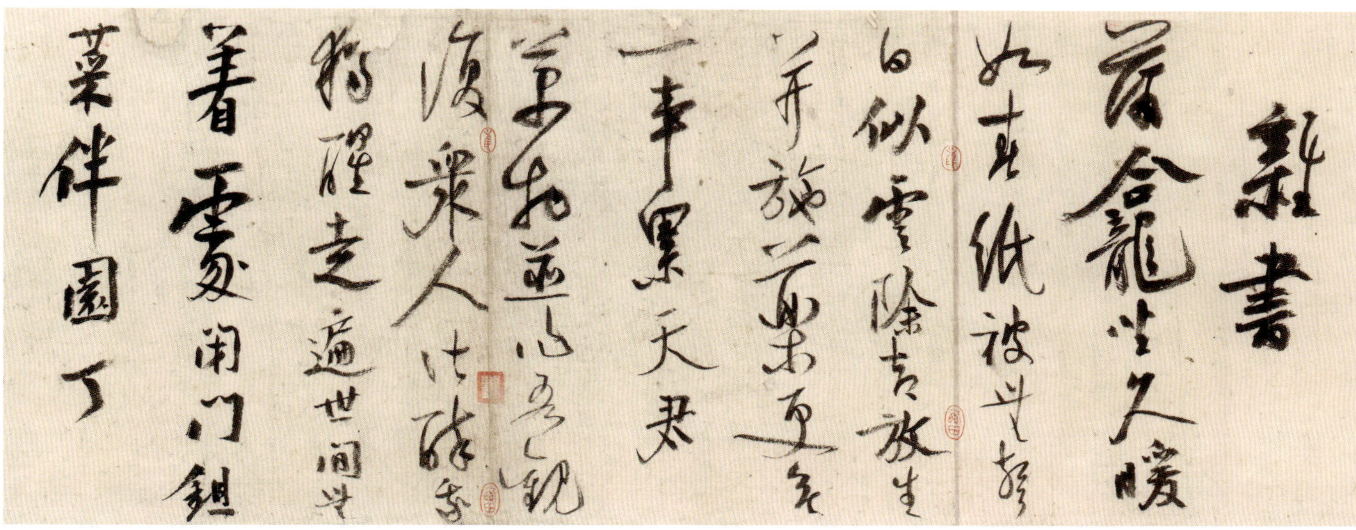

渡头

苍桧丹枫古渡头，小桥横处系孤舟。
范宽只恐今犹在，写出山阴一片秋。

杂书

蒲龛坐久暖如春，纸被无声白似云。
除却放生并施药，更无一事累天君。
万物并作吾观复，众人皆醉我独醒。
走遍世间无着处，闭门锄菜伴园丁。

[四] 兴起作画

绘画、挂画、赏画是宋朝文人生活不可或缺的一部分，欣赏意境开阔的山水画、充满生趣的花鸟画，能令人心旷神怡，于纷扰的世俗中暂时忘却烦恼获得解脱。文人士大夫淡雅的审美趣味也深刻影响了当时的绘画风格，尤其体现在山水画所营造的散淡、孤寂的意境。而静观宋朝的花鸟画，犹如进入了一个活泼的世界，不管是花或是鸟，都捕捉到它们最生动的瞬间。

马远　松寿图

南宋〔1127—1279〕

绢本设色

纵 122.8 厘米，横 52.5 厘米

辽宁省博物馆藏

【款识】“马远”

马远，字钦山，宋光、宁朝（1189—1224）画院待诏。画山水、人物、花禽，种种臻妙。山水始承家学，后学李唐而自出新意，构图多用边角形式，有“马一角”之称，是南宋“翰林图画院”中的佼佼者。与夏圭齐名，时称“马夏”。山石用斧劈皴，树用拖枝，远山则用大笔渲染，空蒙迷茫，善于表现空气感。

《松寿图》是马远典型的山水风格代表作，描绘山崖一角，苍松斜伸。一文人闲坐石台之上，仰目远眺，旁侧一童子持杖侍立。临溪疏竹丛生，远山寂寥。右下角行书“马远”单款，画幅上端有宋宁宗赵扩行书七言诗：“道成不怕丹梯峻，髓实常欺石榻寒。不恋世间名与贵，长生自得一元丹。”诗末落款：“赐王都提举为寿。”

怀揣“兼济天下”抱负的文人士大夫往往在宦海沉浮，而能够给予他们抚慰的除了退隐山林“独善其身”，也可以是山水画中的“可居、可游”。也许“退守书斋，隐于山水画中”才是历史上大部分士大夫“退隐山林”的真正状态。

道成不怕丹梯峻，
髓实常欺石榻寒。
不恋世间名与贵，
长生自得一元丹。

赐王都提举为寿

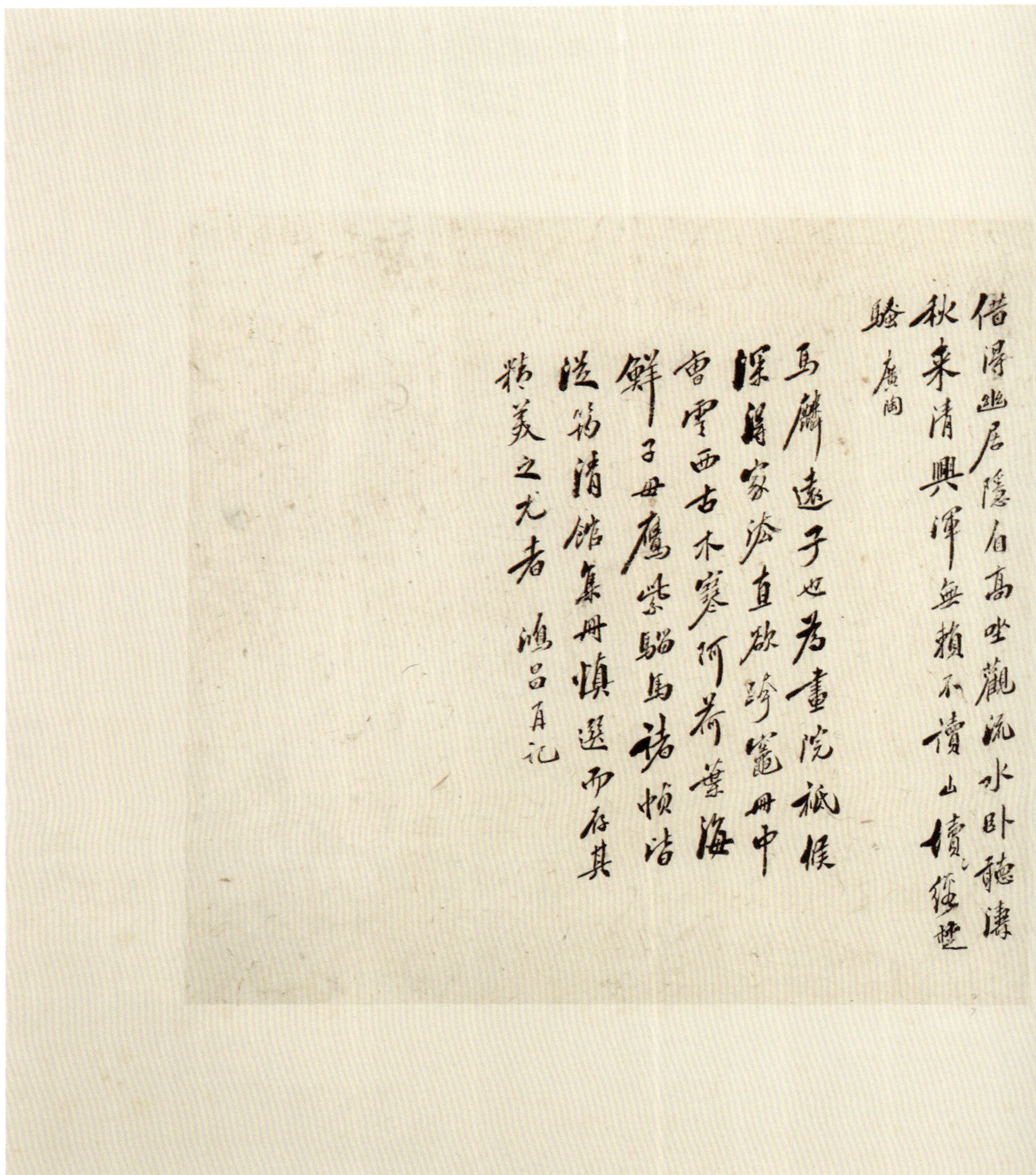

马麟 松林亭子图

南宋〔1127—1279〕

绢本设色

纵24厘米，横25厘米

佛山市博物馆藏

【款识】“臣马麟”

马麟，马远之子，宋宁宗朝〔1194—1224〕画院祗候。山水、人物及花鸟画继承家学。此图绘一士人隐居江边松林的情景。前景松林曲柯密叶、秀挺苍郁。林间茅屋数间，临江亭内一人端坐。下部一条小径延伸至江边。远处峰峦连绵，其中一座巍峨耸立。整幅作品构图精巧，意境幽远。

宋朝的士大夫与山水画是相互成就的，他们理想的山林是天开地阔、环山绕水、苍松掩映，驾一叶扁舟便可与飞鸟同渔。因此，宋朝的山水画显得孤清、寂灭、幽远，同时又令人神往。

佚名 松湖钓隐图

宋〔960—1279〕

绢本设色

纵 25 厘米，横 25.5 厘米

辽宁省博物馆藏

此扇面绘高崖下平湖一泓，一渔翁坐在船头上钓鱼。画面构图简单，然富于对比，松石奇崛厚重，天空、水面大面积留白，尽显开阔疏朗。乾隆题诗曰：“长夏曾为江寺图，卷之小景写松湖。能藏能放诚奇笕，姓氏何须问钓徒。”

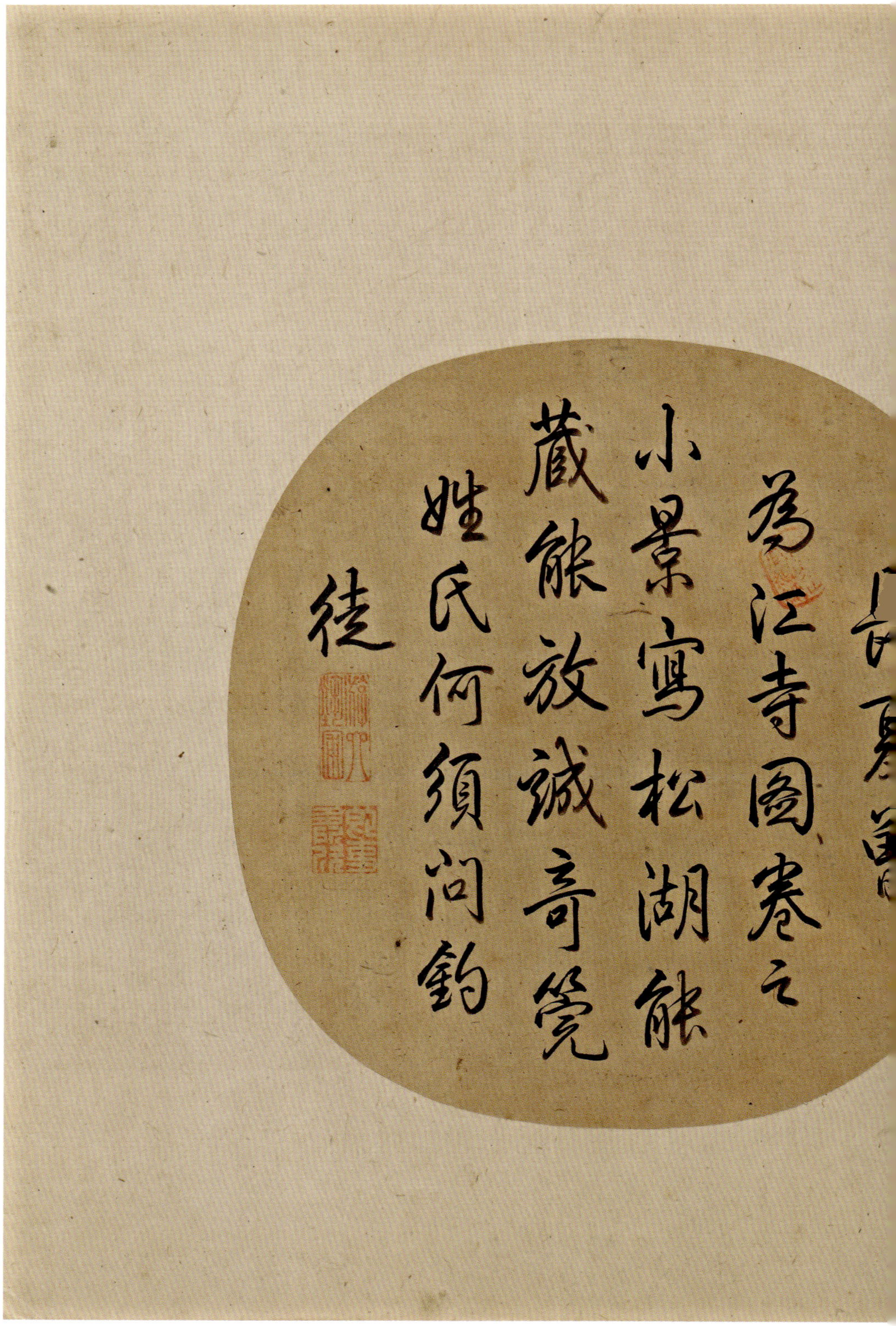

李唐松湖釣隱

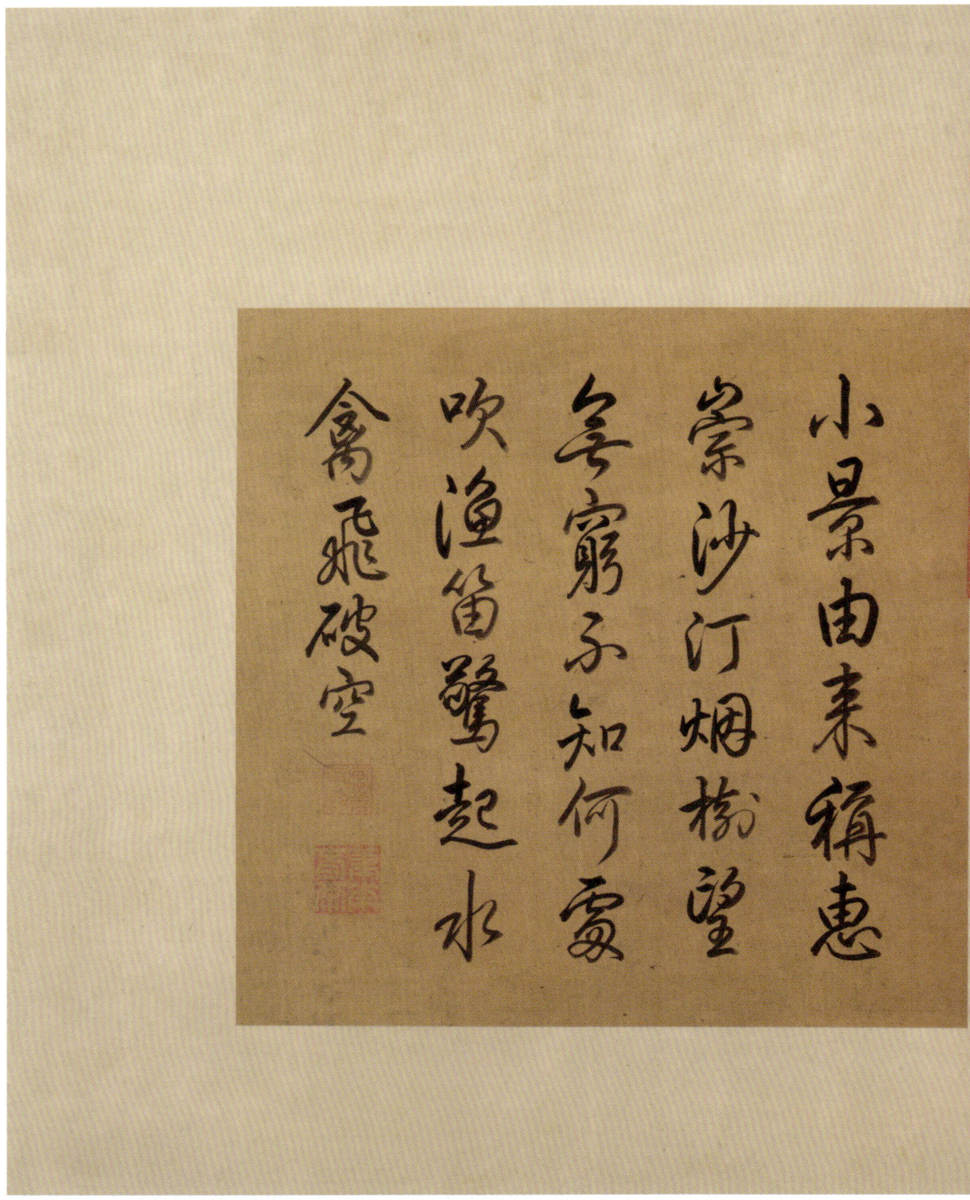

佚名 沙汀烟树图

宋〔960—1279〕

绢本设色

纵 24 厘米，横 25 厘米

辽宁省博物馆藏

釋惠崇沙汀烟樹

此图构图简练，取一江两岸式布局，中有一水缓缓而流，两岸形成沙汀，上有成林的绿树，岸边浮萍点点，水中水鸟扑腾。近景的树丛枝叶葱郁，而对岸的树林则轻烟弥漫，意境开阔宁静。画中无款，清代大收藏家梁清标题为“释惠崇沙汀烟树”。曾经《石渠宝笈续编》著录。乾隆题诗曰：“小景由来称惠崇，沙汀烟树望无穷。不知何处吹渔笛，惊起水禽飞破空。”

佚名　秋山红树图

宋〔960—1279〕

绢本设色

纵 26.7 厘米，横 27.2 厘米

辽宁省博物馆藏

此扇面描绘了峭壁下的急滩、红树，岸边一人奋力撑舟，画面充满了张力。远处峭壁大面积留白，用淡墨渲染出轮廓，皴擦出岩石的肌理；而近处的树干与山石则用笔粗放厚重，形成虚实对比。整体视之，气势雄伟而富于生趣。画风出自李唐一派，近于萧照，画上无款，梁清标题为萧照之作。画心上钤有元“都省书画之印”“礼部评验书画关防”半印，以及乾隆诸玺，可知其自元始一直为宫廷内府收藏，曾著录于《石渠宝笈重编》。乾隆题诗曰：“峭壁危滩野艇横，籁传红叶泛风轻。萧然秋景含斜照，濩泽人原未负名。”

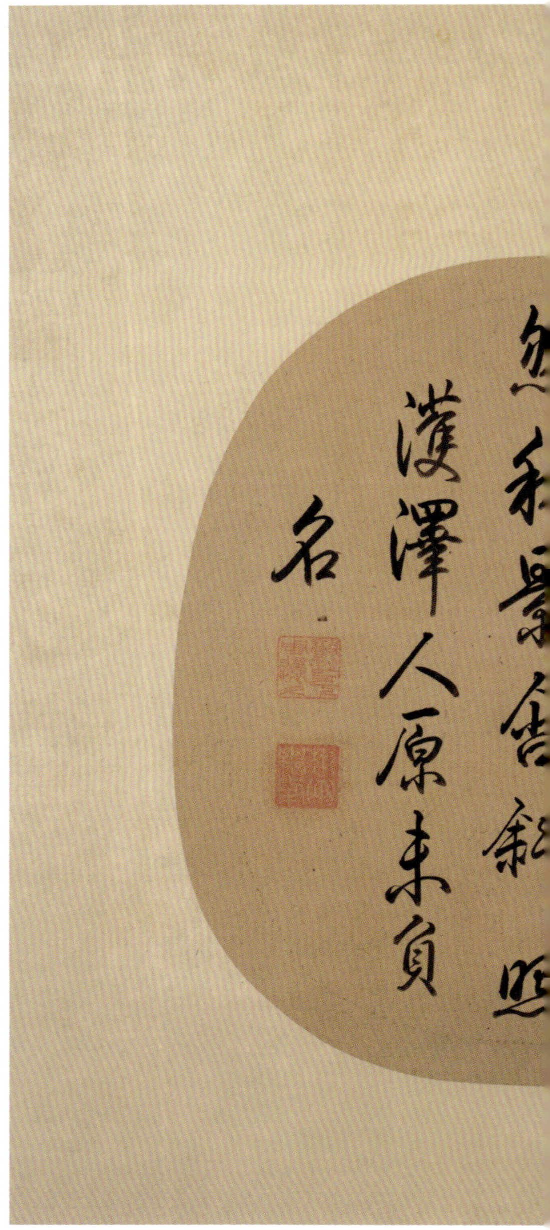

蕭照秋山紅樹

兴起作画

佚名 荷塘浴凫图

宋〔960—1279〕

绢本设色

纵 27.1 厘米，横 27.5 厘米

四川博物院藏

《荷塘浴凫图》构图空灵，整幅画即是大片水域，中央有几只鸭子游动，画面左侧有荷叶点点。物象均压缩得较小，但神韵不减。留白处给人遐想的空间。

宋朝文人受禅宗、道家的影响，对自然万物充满了敬畏与深情。所谓一花一世界，文人们观察身边的花草、禽鸟等的生存状态，体悟生命的真谛，并将这种体悟表现在诗文绘画中。宋朝神形兼备的花鸟画寄托了文人士大夫对美的追求、对生命的哲思。

赵佶 腊梅双禽图

北宋〔960—1127〕

绢本设色

纵 25.8 厘米，横 26.1 厘米

四川博物院藏

【款识】“御笔”“天下一人”

【钤印】“御书”

赵佶〔1082—1135〕，宋徽宗，堪称中国历史上最为醉心书画、关注艺事的帝王，他在位期间广收法书、名画，百倍于前，编纂成《宣和书谱》与《宣和画谱》；建立了翰林图画院，搜罗绘画人才，还依据自己的审美观念亲自指导画院画家的学习与创作。他本人亦工书善画，创立了“瘦金体”，山水、人物、花鸟无不精工极研，于翎毛尤为注意，多以生漆点睛，高出纸素，几欲活动。《腊梅双禽图》绘腊梅一枝从翠绿的柏叶间伸出，一朵梅花已绽放，两只山雀栖息于枝头，顾盼生姿，左边的山雀双爪紧抓树枝，扭头张嘴似对着另一只山雀鸣叫，而右侧的山雀则静静地看着它。无论是柏叶、梅枝还是山雀，均描绘得栩栩如生。

佚名 秋葵图

宋〔960—1179〕

绢本设色

纵 24.5 厘米，横 25.7 厘米

四川博物院藏

此图为宋代院体画的精品。一枝秋葵从画面右下斜出，枝上花苞累累，一朵含苞待放，一朵初绽，一朵已经盛开并占据了画面主体。花瓣敷色厚重，并用白粉勾出脉络，写出了秋葵花瓣的质感，花叶衬托着花朵，姿态生动。画面构图精巧，用笔工细，赋彩华丽，令人赏心悦目。秋葵是历代文人们偏好的花卉，如赵孟頫、唐寅、陈道复等人均有秋葵图传世。秋葵除花、叶造型感强，其顽强的生命力、朝开暮谢的特点都使文人为之侧目。

[五] 品|茶|论|道

“茶兴于唐，而盛于宋。”宋朝上自帝王下至普通民众，不同阶层对茶事活动的参与和热爱程度均是史无前例的。茶先苦后甜的物性与宋朝文人的人生际遇、品性有着天然的契合，儒、释、道三教合一的社会思潮对宋朝文人的生活态度产生了重要的影响。儒家以茶修德，道家以茶修心，佛家以茶修性，三者的融合最终使宋朝文人形成理智平和、淡泊名利、宁静致远的人生价值观。他们以茶会友，引茶入诗，以茶入画，孕育了他们清旷娴雅、平淡自然的文人气质。茶，成为宋朝文人雅士的灵魂伴侣。

湘乡窑青釉急须壶

宋〔960—1279〕

高10.7厘米，连柄长16.5厘米

湖南湘乡棋梓桥窑出土

湖南省博物馆藏

急须壶属于煮茶器，直柄中空便于插入木柄防止烫伤手，壶底置于炭火上烧，故不施釉。

宋朝文人日常生活中以煎茶为主要饮茶方式。煎茶最能保留茶的真味，先苦后甘的口感亦如人生，品尝的过程，也是内心平静的过程，与好友分享、沟通的一种途径。这种平淡素雅的生活态度也体现在茶具上，釉色追求自然纯净，纹饰简洁无华，在各色茶具中，尤以青白瓷“如冰似玉”符合文人气质，备受文人雅士推崇，正如范仲淹所赞：“黄金碾畔绿尘飞，碧玉瓯中翠涛起。”

汝窑青釉托盏

北宋〔960—1127〕

托盘径 17.4 厘米

河南宝丰清凉寺汝窑窑址出土

河南省文物考古研究院藏

这套茶具由盖、盏、托组成，保存十分完整。汝瓷是宋朝五大名瓷之一。工匠把名贵的玛瑙入釉，犹如“雨过天晴云破处”之美妙，温润古朴。观其釉色，随光变幻，器表呈蝉翼纹细小开片，有“梨皮蟹爪芝麻花”之称，完全符合宋朝文人的审美追求。汝窑存世量极少，故有“家财万贯，不如汝瓷一片”之说。饮茶在唐中晚期开始流行，唐朝陆羽在《茶经》中指出，茶可以治“热渴、凝闷、脑疼、目涩、四肢烦、百节不舒”。《大观茶论》更言茶可“祛襟涤滞，致清导和”“中澹间洁，韵高致静”，大意是说茶可以使人开阔胸襟，消除郁闷，精神清爽，心境平和，清闲高洁，雅致宁静。

汝窑青釉葵花形盏托

北宋〔960—1127〕

通高6.8厘米，托径7.3厘米，
盘径16.4厘米，圈足底径7.2厘米

河南宝丰清凉寺汝窑窑址出土

河南省文物考古研究院藏

盏托，宋朝时又名茶托、托子等，主要用来防止茶汤烫手。由于饮茶具多种多样，若托子承托的是碗，可称为碗托；承托的是盏，可称为盏托；承托的是杯子，可称为杯托。

青釉牡丹纹碗

宋〔960—1279〕

高 5.3 厘米，口径 15.2 厘米，底径 4.2 厘米

湖南省博物馆藏

敞口，斜腹，小矮圈足。通体施青绿釉，釉层均匀。碗内壁模印六格折枝牡丹花叶，外壁口沿下饰弦纹。

耀州窑青釉菊纹盏 黑釉盏托

北宋〔960—1127〕

通高 10.6 厘米

盏：高 5 厘米，口径 11 厘米，底径 3.2 厘米
托：高 7 厘米，口径 5.5 厘米，盘径 11.8 厘米，底径 4 厘米

陕西蓝田吕氏家族墓 M16 吕大章墓出土

陕西省考古研究院藏

一套完整的托盏由盏、托两部分组合而成。此套为耀州窑产品，茶盏内、外壁满施青灰色釉，内腹壁及内底分别模印团菊纹。黑釉盏托，内外满施黑釉，中空，高弧颈下圆形敞口托盘，下置高圈足。茶盏釉色、印纹清淡，十分符合文人追求淡雅的喜好。

这种盏托，茶盏放入后，盏底全部被纳入托圈，从而使盏和托稳稳地接合在一起。盏托材质有金、银、陶瓷、琉璃、漆木质等，金、银、玉、琉璃材料珍贵稀有，拥有者往往尊贵富有，而漆木、陶瓷材质相对低廉。盏托作为重要的媒介，用它为人端茶会增强仪式感。

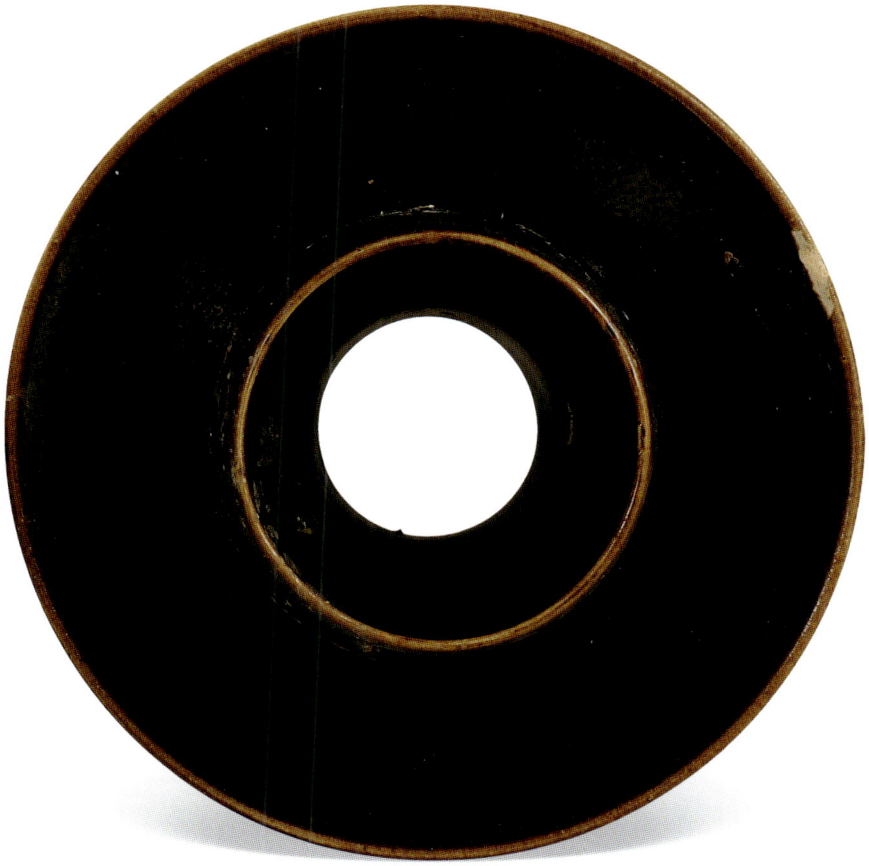

湘乡窑青釉盏

宋〔960—1279〕

高 4.65 厘米，口径 11.5 厘米，底径 4.8 厘米

湖南湘乡棋梓桥窑出土

湖南省博物馆藏

盏敞口，斜腹，圈足。器内满施青釉，器外施半釉至下腹。器内腹部模印草叶纹一周，内底模印菊花纹。釉色清淡，纹饰雅致，反映了在追求素雅风尚的大时代背景下对湖南窑口瓷器烧造产生的巨大影响。

耀州窑青瓷牡丹纹盒

北宋〔960—1127〕

通高 7.5 厘米，口径 7.4 厘米，腹径 8.2 厘米，
底径 7.9 厘米

陕西蓝田吕氏家族墓 M5 吕省山墓出土

陕西省考古研究院藏

耀州窑青瓷牡丹纹盒，内外双重盖，内盖又由两个部件组合而成。既可全部打开，又能只提揭中心小盖钮取物，有很好的封闭效果。这件瓷盒的器形在以前的考古发掘中前所未见，推测盒内盛装之物对密封性要求较高，很可能是香料或茶叶类物品。

景德镇窑青白釉盒

北宋〔960—1127〕

通高 5 厘米，口径 7.4 厘米

1978 年江苏泰县洪林公社尤南大队出土

扬州博物馆藏

茶盒盖顶有瓜藤装饰，盒作上下对合的十二楞南瓜形，造型优美逼真，满施青白釉，胎体坚密白细，釉色莹润如玉，为宋朝景德镇湖田窑典型器。

龙泉窑青釉象钮罐

南宋〔1127—1279〕

通高 15.9 厘米，腹径 10.5 厘米

浙江庆元会溪南宋墓出土

浙江庆元县廊桥博物馆藏

瓷罐做工精细，盖面扁平，子母口，象形立钮，象鼻下垂内卷，釉色纯正，釉质匀润，滋润如玉。龙泉窑以烧制青瓷而闻名，在北宋早期以前的产品风格，受越窑、瓯窑、婺州窑的影响，特征与此三窑的产品相似。龙泉青瓷始于南朝，北宋时初具规模，宋元时期达到鼎盛。龙泉青瓷中的哥窑为宋代五大名窑之一，制瓷技艺达到高峰；龙泉也由此成为全国著名的制瓷中心，历经数百年不衰。

衡州窑青釉执壶

北宋〔960—1127〕

高 18.8 厘米，口径 8.1 厘米，底径 6.3 厘米

湖南衡山窑采集

湖南省博物馆藏

宋朝文人常三五好友随性小聚，品茶是他们不可或缺的一种休闲方式，也是与好友分享、沟通的一种途径。执壶喇叭形口，斜长束颈，圆肩，肩部一侧管状长流与口部平齐，相对另一侧置扁状曲柄，柄端与肩部衔接处饰圆形钮，曲腹，圈足。通体施青釉，釉色莹润，有细碎开片。

繁昌窑青白釉执壶

北宋〔960—1127〕

高 17.5 厘米，口径 6.5 厘米，底径 7.4 厘米

安徽巢湖柘皋出土

安徽博物院藏

敞口，喇叭形斜长颈，圆肩，肩部一侧管状长流与口部平齐，相对另一侧置曲柄，曲腹，圈足。注壶，又可称注子、执壶，为茶酒筵席中不可或缺的器具。既可作为点茶时盛沸水之茶瓶，又可用于斟酒。

湘乡窑窑变釉盏

宋〔960—1279〕

高 4.9 厘米，口径 10.7 厘米，底径 3.1 厘米

湖南湘乡棋梓桥窑出土

湖南省博物馆藏

茶盏敛口，圆唇，斜腹，圈足。内口沿及外壁上腹均施窑变釉，釉色褐中泛蓝，下腹及底部均露胎。

文人雅士品茶时，会以斗茶自娱自乐。宋朝茶色尚白，黑釉盏最利于观察泡沫、衬托茶色，建窑所产黑釉盏最适斗茶，盛极一时。釉面往往形成奇特的斑纹：有珍珠般的，有油滴状的，有细如兔毫的，最珍罕的则是“曜变”。宋朝茶具造型简洁，崇尚实用，如斗笠碗，呈现出斜高而挺拔俊秀的特色，适合留下茶末渣滓。

耀州窑黑釉鹧鸪斑盏

北宋〔960—1127〕

通高 3.6 厘米，口径 13.6 厘米，底径 4.1 厘米

陕西蓝田吕氏家族墓 M12 吕大圭墓出土

陕西省考古研究院藏

器内、外壁施双层釉，底层通施满黑釉，釉面光泽明亮，釉上散布酱红色或银灰色大小不一的结晶斑，似鹧鸪鸟胸部白点正圆如珠的羽毛。它的烧成受坯、釉、窑温和还原气氛的严重制约，烧制成品率极低，难度极高。

建窑酱釉兔毫盏

南宋〔1127—1279〕

高 6.4 厘米，口径 11.5 厘米，底径 4 厘米

福建博物院藏

敞口，微束颈，斜腹，圈足。胎质坚硬，呈灰黑色。碗内外施酱釉，呈兔毫纹。足部露胎。

宋朝从皇帝到文人雅士，都喜爱斗茶。兔毫盏釉面多条状结晶纹，细如兔毛。部分茶盏底部刻印有“供御”或“进贡”字样。宋金时期，兔毫盏在我国很多地方，如江西、山东、河南、河北等地都有烧制，以建窑所烧“建盏”最为著名。蔡襄《茶录》认为饮茶要用建窑茶盏，因其胎体粗厚能以手捧持，又最能衬映白色茶面：“茶色白，宜黑盏，建安所造者绀黑，纹如兔毫，其坯微厚，熁之久热难冷，最为要用。”宋徽宗《大观茶论》也赞道：“盏色贵青黑，玉毫条达者为上，取其焕发茶采色也。”

黄釉花口渣斗

北宋〔960—1127〕

高 12.2 厘米，口径 14 厘米，腹径 10.8 厘米，底径 6.3 厘米

2002 年河南三门峡庙底沟宋墓出土

河南省文物考古研究院藏

十五瓣花口外敞，束颈，曲腹，下腹斜收，圈足出台。灰白胎，器内满施黄釉，器外施釉至腹足衔接处，釉色莹润。器外口沿、颈部及下腹部均饰弦纹，腹部周身及腹足衔接处等距贴塑四处花纹。

黑釉花口盂

北宋〔960—1127〕

高 8.1 厘米，口径 13 厘米，腹径 10 厘米，底径 5 厘米

2002 年河南三门峡庙底沟宋墓出土

河南省文物考古研究院藏

七瓣花口外敞，束颈，曲腹，圈足。灰白胎，器内外均施黑釉不及底，釉色漆黑温润，光亮夺目。花形器身，润泽黑釉，散发着别致的雅韵。

[六] 把酒临风

自陶渊明“寄酒为迹”开始，诗酒相融便对后世文人产生了深远影响。宋朝时从士大夫到普通平民百姓，好酒乐饮蔚然成风，涉酒的小说、评话、诗词、专著之繁多前所未有。酒文化繁荣的背后正是宋朝饮酒风气的张扬。理学兴起，禅宗发展，促成了宋朝文人心境的内向化、清雅化与细腻化，这种变化也反映在其饮酒追求上。他们饮酒醉酒，或浅斟低唱，或纵酒高歌，不求酣醉，只求清趣，展现出含蓄内敛的士风雅韵。

把酒临风

繁昌窑青白釉梅瓶

北宋〔960—1127〕

高37.1厘米，口径11.5厘米，底径9.8厘米〔一对〕

1963年安徽宿松吴正臣夫妇墓出土

安徽博物院藏

储酒器。盘口，短直颈，溜肩，瓶体腹部从上到下渐内收，平底内凹。通体施青白釉，胎薄质坚，造型丰满圆浑。青白釉，色泽介于青与白之间，沉静素雅而风姿卓绝，意蕴隽永而莹润如玉，清新幽雅的釉色美，也代表了文人雅士独有的审美风格。

宋朝酒具按功用可分为储酒器、温酒器、注酒器和饮酒器四大类。常见的储酒器有瓮、坛、瓶等；温酒器多见温碗；注酒器多见执壶；饮酒器则有杯、盏、盘等。从材质上来讲，以瓷器和金银器最为流行，瓷质酒具造型典雅，装饰简洁；金银酒具，造型极富变化，不少器皿直接模仿自然界中花果草木的形态，装饰技法多样。清雅秀美的酒具，简洁而精致，渗透了宋代文人典雅的生活美学。

繁昌窑青白釉折肩钵

北宋〔960—1127〕

高 6.6 厘米，口径 14.4 厘米，底径 6.8 厘米〔一对〕

1963 年安徽宿松吴正臣夫妇墓出土

安徽博物院藏

酒盏。敞口，唇外卷，束颈，微折肩，下腹斜直内收，平底，矮圈足。青白釉，釉色明亮，胎质细腻。

景德镇窑青白釉葫芦瓶

宋〔960—1279〕

高 25.8 厘米，口径 2.4 厘米，底径 8.5 厘米

四川博物院藏

储酒器。青白釉，釉色莹润素雅。造型简约，整体呈葫芦形。失盖，方唇，直口，上部呈罐状，束颈，下部呈球状，溜肩，下腹斜收，平底。颈部、下腹部饰弦纹，两条弦纹间饰篦地花卉纹。

宋朝景德镇青白瓷比较受文人推崇，其瓷质细腻，体态俊朗，釉色淡雅，纹饰含蓄，注重实用且更具观赏性，也折射出文人淡泊脱俗、宁静悠远的心境。

繁昌窑青白釉酒注 温碗

五代至北宋〔907—1127〕

酒注：通高 21 厘米，口径 4 厘米，底径 7.6 厘米
温碗：高 10 厘米，口径 19 厘米，底径 10 厘米

1984 年安徽繁昌老坝冲墓群 M1 出土

安徽博物院藏

此物为盛酒和温酒用具，由酒注和温碗组成。表面施青白釉，釉面光润明亮，清雅素净。酒注，套桶形盖，盖身一侧有两个小孔，顶部塑宝珠形钮。注壶小口，直颈，圆肩，曲腹，前置上扬的细流，与壶口齐平，后置带式曲柄，圈足。温碗呈仰开敞口花瓣状，器身斜内收，高圈足。器形稳重，整体造型和谐优美。

龙泉窑青釉带盖梅瓶

南宋〔1127—1279〕

高 18.3 厘米，口径 3.6 厘米，腹径 12.3 厘米，底径 7.6 厘米

2014 年浙江庆元县松源镇会溪村胡纮夫妻墓出土

浙江庆元县廊桥博物馆藏

储酒器。杯形盖，直口，短直颈，溜肩，深曲腹内收，矮圈足略外撇。器盖饰花卉纹，肩部饰单圈弦纹。青灰胎，胎质细密。粉青釉，釉层肥厚，圈足足端无釉。器物釉色凝厚温润，造型线条优美，装饰简洁，宋朝文人典雅清新的生活美学于此亦可见一斑。

宋元时期丰富多样的瓶类器物大多没有专属功用，很多瓶式往往可在花事、酒事、茶事、香事等不同使用场合兼用。梅瓶常作酒具，亦可作花器。为避免酒香逸散，储酒梅瓶皆配瓶盖。

汝窑天青釉莲花形温碗

北宋〔960—1127〕

高10.2厘米，口径15.4厘米，底径8厘米

河南宝丰清凉寺汝窑窑址出土

河南省文物考古研究院藏

温酒器。十瓣莲花口，深腹，高圈足。器身随花口，亦呈十瓣，形似一朵盛放的莲花。器内外均施天青釉，釉面布满细碎开片。色泽温婉柔和，造型比例和谐，集观赏、实用于一体。莲花有圣洁、清廉之寓意，以此造型作温酒之器，亦反映出宋朝文人追求高洁品格的心性。这类碗为宋朝温碗常见形制，南北方窑口均有烧造。目前汝窑发现的此类莲花碗很少，是其烧造水平的典型代表。

把酒临风
自陶渊明“寄酒为迹”开始，诗酒相融便对后世文人产生了深远影响。宋代，从士大夫到普通平民百姓，乐酒好饮蔚然成风，涉酒的小说、评话、诗词、专著前所未有。酒文化繁荣的背后正是宋代饮酒风气的张扬。理学兴起，禅宗发展，促成了宋代文人心境的内向化、清雅化与细腻化，这种变化也反映在其饮酒追求上。他们饮酒醉酒，或浅斟低唱，或纵酒高歌，不求酣醉只求清趣，展现出含蓄内敛的士风雅韵。

定窑白釉托盏

北宋〔960—1127〕

通高 10.8 厘米

盏：高 4.4 厘米，口径 9.2 厘米，底径 3.4 厘米
托：高 6.8 厘米，台径 4.6 厘米，盘径 12.9 厘米，足高 2.8 厘米，底径 8.3 厘米

陕西蓝田吕氏家族墓出土

陕西省考古研究院藏

饮酒器，由盏及盏托组成。白胎，质地坚硬致密。施釉不及足，釉色白中微闪乳黄，釉面光亮。酒盏，六瓣葵口微敞，圆唇，曲腹，腹壁有压槽六条与口沿对应，直圈足，腹足衔接处饰弦纹一周。盏托，盘口，外沿呈六曲葵瓣状，浅曲腹，底心突出顶小下大覆杯式内托，以承接盏底，托底下设高圈足，足端外撇，足沿稍上卷。盏托腹部及足壁上各饰三处镂空如意形纹样。

该组托盏为专用饮酒器，与茶托盏不同之处在于托顶封闭为平台状，故又名酒台子，质地多见瓷、银、玛瑙等。宋朝陶瓷酒具一改唐朝大气、豪迈之风，造型秀雅端庄，纹饰简洁大方，精致而有韵味。

银酒注 温碗

南宋〔1127—1279〕

酒注：高 35.2 厘米，口径 6.4 厘米
温碗：高 17.3 厘米，口径 18.36 厘米

1959 年四川德阳孝泉镇清真寺窖藏出土

四川博物院藏

酒注，塔状器盖，直口，长颈，折肩，扁形柄，细长流，颈部侧边以一横梁与流衔接，斜直腹，平底。柄上有“西宅”两字，底有墨书“冯宅”。此为宋代酒注常见造型，朴素简洁，以肩为界把注子明显分为上下两部分，肩以上置曲柄与流，肩以下的造型与温碗配套。温碗，六瓣花口，深曲腹，高圈足，六瓣花足，足沿外卷。内底墨书“冯”，器外墨书“□百四十二□”“中二”“浮”等字。

宋代金银酒器，尤其是银酒器的使用普及市民阶层，都市繁华街巷的酒楼歌馆里各类银酒器齐备，《梦粱录》卷一六“酒肆”一节即称：“且杭都如康、沈、施厨等酒楼店，及荐桥丰禾坊王家酒店、暗门外郑厨分茶酒肆，俱用全桌银器皿沽卖，更有碗头店一二处，亦有银台碗沽卖。”

瓜棱形银执壶

南宋〔1127—1279〕

高 17.6 厘米，口径 6.9 厘米

1959 年四川德阳孝泉镇清真寺窖藏出土

四川博物院藏

注酒器。壶身仿瓜形，瓜叶状器盖，盖身錾刻叶脉，纹络清晰可见，盖钮作短瓜蒂状。壶身呈瓜棱形，腹部一侧焊接长流，一侧焊接弧曲扁柄，柄系银链与器盖相衔，圈足。整体造型生动，线条优美，美用兼具。

葵花形银盏

南宋〔1127—1279〕

银盏一：高 6.8 厘米，口径 13.2 厘米，底径 5.5 厘米
银盏二：高 5.6 厘米，口径 9.2 厘米，底径 4 厘米

2018 年湖南长沙望城出土

湖南省博物馆藏

酒盏。葵花盏在设计上独具巧思，整个造型以葵花为式，一件盏心錾刻花中花，边缘枝叶伸展，中心凸起花蕊；另一件盏心花蕊凸起。盏口沿及花瓣之间分别装饰花带，圈足亦作花瓣状。宋人潘德久的“一树黄葵金盏侧，劝人相对醉春风”，晏殊的“晚来清露滴，一一金侧杯”，都是以酒盏拟喻葵花。宋人所喜欢的葵花为锦葵科中的黄蜀葵，即黄葵，亦名秋葵。以花形入酒事，亦折射出宋朝文人雅士崇尚自然的生活情调。

寨子岭窑青釉花叶纹碟

宋〔960—1279〕

高 1.9 厘米，口径 10.7 厘米，底径 4.8 厘米

湖南省博物馆藏

侈口，圆唇，浅曲腹，平底。釉呈橄榄绿色，玻璃质感较强。碗内底刻折枝牡丹纹，内壁模印花叶纹装饰一周。

所谓酒器，除酒具之外，还包括酒筵上用到的各种食具。《东京梦华录》载："凡酒店中不问何人，止两人对坐饮酒，亦须用注碗一副，盘盏两副，果菜碟各五片，水菜碗三五只，即银近百两矣。"宋朝食具制作涉及瓷器、金银器、漆器等多种材质，造型轻巧玲珑，装饰清新典雅，与文人士大夫悦意悦情的精致生活和谐相融。

耀州窑青釉牡丹纹碟

宋〔960—1279〕

高2.5厘米，口径9.8厘米

湖南省博物馆藏

器身仿花状，十五瓣花口，浅腹，平底。釉色青绿，釉层均匀有光泽。内底印折枝牡丹纹，内壁分格于壶门内印花叶纹，外壁无装饰。

宋瓷有“雅”与“俗”两条发展脉络，一般胎体采用划、刻、印花等装饰，外施青、白等单色釉的瓷器品种，即为宋朝文人士大夫阶层所崇尚的“雅器”，这种素雅艺术风格，也是其审美趣味的反映。

越窑青釉云鹤纹套盒

北宋咸平三年〔1000〕

通高 20.5 厘米，口径 11 厘米，腹径 14 厘米，底径 10.5 厘米

1985 年河南巩义宋太宗元德李皇后陵出土

河南省文物考古研究院藏

食盒。由四层相套而成，子母口。上层为器盖，作母口，顶部隆起，中间置圆钮，钮顶部平齐。中间两层，皆子口内敛，直腹，圈足，外壁上下一周凸棱作带状边饰，中间部位刻画云鹤纹。最下层为盒底，子口内敛，腹壁以凸棱为界分上下两部分，上腹壁较直，下腹壁内收，圈足外撇。直壁部位刻画卷云纹，下腹壁刻画拖尾云朵纹，圈足部位刻画绳索纹。盒底内中部又凸出一内盖，其上刻划仰莲纹，已残。圈足内有八个条状支烧痕迹，外底部中心阴文刻“千”字。通体施青釉，釉层薄而均匀，釉面光洁。

套盒在装饰上重视艺术效果，布局讲究。隐现云鹤纹装饰，线条精细，构图复杂，少有留白，罩以莹润青釉，内敛淡雅之感迎面而来。

汝窑天青釉六方委角套盒

北宋〔960—1127〕

高 7.2 厘米，口径 17.2 厘米，底径 19.2 厘米

河南宝丰清凉寺汝窑窑址出土

河南省文物考古研究院藏

食盒。此为套盒的一部分，可盛果品。子口，六边浅盘，委角，直壁上凹进六道，与之对应的盘面上凸起六组棱。天青釉，釉面上有极细的稀疏大开片。造型规整，制作精良。

越窑青釉刻画龙涛纹碗

北宋〔960—1127〕

高 5.35 厘米，口径 14.2 厘米，底径 7.4 厘米

上海博物馆藏

食具。敞口，圆唇，器身较浅，平底，隐圈足。釉色青绿，透明度适中，具有“其色温温”“精比琢玉”的美感。碗外壁刻画仰莲纹，内壁刻划龙涛纹，以篦纹突出细部，刀锋简而意蕴足。

素漆食具
南宋（1127–1279）
上海博物馆藏

花瓣式漆盘

南宋〔1127—1279〕

高 4.5 厘米，口径 23.5 厘米，底径 16.5 厘米

1983 年江苏常州丽华新村工地出土

常州博物馆藏

木胎。敞口，盘壁为二十八瓣花形，平底，造型寓实用性与欣赏性于一体。内髹黑漆，外髹赭色漆，漆层较厚，光润匀和。盘内底朱书“湖州西王上三”六字。

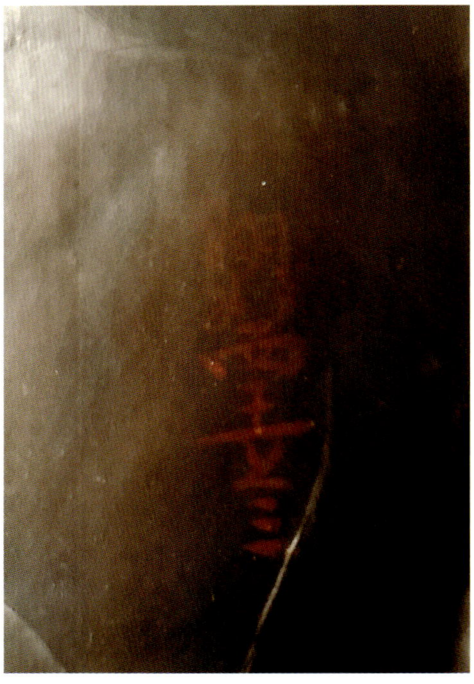

素漆食具

南宋〔1127—1279〕

酒盏：口径 11.2 厘米，高 3.6 厘米
圆盘：口径 17.4 厘米，高 2.8 厘米
小碟：口径 13.4 厘米，高 1.9 厘米；口径 13.1 厘米，高 1.9 厘米
圆盒：直径 15 厘米，高 4.9 厘米

1972 年上海宝山月浦南塘南宋谭思通夫人邹氏墓出土

上海博物馆藏

这套黑漆食具原共10件，带小圈足的酒盏、圆盘各2件，用于盛放酒、菜，同类小碟4件，可用于盛放下酒凉菜。点心圆盒，外表质朴，内蕴巧思，盒内有S形隔断一分为二，一格髹黑漆，一格髹褐红漆，为盛放各类酒食点心的器具，既具有实用性，又平添韵律美感。谭思通为宋朝承务郎，属于殷实之家，使用馔席用器大盘、小碟、酒盏、汤碗、点心盒，一应齐全，宜酒宜菜。一色漆器胎体多以薄木圈叠成型，胎薄体轻，造型简洁，漆色光亮，沉静素雅，方便实用。这套漆食具器形完美，清雅素髹，体现了宋人追求简洁高雅、朴质无华的审美情趣。

秋風融日滿東籬萬疊輕紅簇
翠枝若使芳姿同衆色無人知

[七] 折枝插花

花卉是宋朝文人雅士必不可少的生活调味剂。文人雅士将插花百瓶、醉饮其间的“插花饮酒”视为生活情趣、赏心乐事。意气飞扬之时，花可以增添雅兴；失意颓靡之时，花可以安定凝神；平淡清闲之时，花可以陪伴左右。以花为媒介，宣泄胸中诗意，抒怀寄情，培养清雅、隽秀之气质。室内插花装饰极具雅趣，无论是造型优美的胆瓶插花、具有保鲜功能的铜器插花，还是自由惬意的竹筒插花、能够制作盆景的盆花，都显现出文人雅士爱美、爱花、爱自然的审美情趣和内敛、理性、清雅、俊秀的气质。

汝窑天青釉纸槌瓶

北宋〔960—1127〕

高 23.6 厘米，口径 8.8 厘米，底径 8.8 厘米

河南宝丰清凉寺窑窑址出土

河南省文物考古研究院藏

此瓶造型圆润，细长颈，宽沿，颈口到颈尾形成细微弧度，宽肩微斜，斜腹内敛，瓶肩到瓶底，由宽及窄，无底足。

“插花”风靡全宋，是当时流行风向标之一，无论男女，皆以此为趣。欧阳修在《洛阳牡丹记》中说：“洛阳之俗，大抵好花。春时城中无贵贱皆插花，虽负担者亦然。大抵洛人家家有花。”花器种类繁多，插贮花卉需要注意其本身的花情花性，选择相宜风格的瓶器；同时考虑摆放的处所环境，根据花型不同选取大小合适的花瓶，才能使花与瓶相契相合。插花注重线条之美，突出“清”“疏”。花瓶不仅丰富多样、独具时代特色，而且体现了宋人的审美情趣。

汝窑天青釉长颈瓶

北宋〔960—1127〕

高20厘米，口径5.4厘米，肩径6.4厘米

河南宝丰清凉寺窑窑址出土

河南省文物考古研究院藏

此瓶盘口，细长颈，大鼓腹，圈足，造型简洁，釉色温润。插花以花草为媒介，宣泄胸中诗意，抒怀寄情，这与文人雅士追求“尚雅”是一致的。在花材选择方面，也非常注重个人品位。将小型花束插于一小瓶之中，花叶细微，典雅大方，很符合文人雅士案几插花的主题。名花犹如美人，都需要合适的花器来烘托花卉或雍容华贵，或清雅绝俗之美。文人雅士的书房中，正是有了花瓶的点缀，才使整个空间都变得雅致起来。

景德镇窑青白釉八棱梅瓶

南宋〔1127—1279〕

高 16.8 厘米，口径 3 厘米，底径 5 厘米

1999 年安徽宿松孚玉山出土

安徽博物院藏

梅瓶体形较小，玲珑精致，瓶体呈八棱状，肩部一周凸弦纹与八棱组成经纬线，将瓶体分成十六格，在每格中采用模印技法，饰折枝花卉纹图案，加之色泽温润，更增添了独特的韵味。

“梅瓶”之名始见于清末寂园叟的《陶雅》，当时人觉得这类瓶“与梅之瘦骨相称”，认为功用是插梅花。后来这类带盖梅瓶和书有“酒”字梅瓶的发现，说明这种瓶是盛酒用器，而体形较小者可置于案几插放梅花。宋人萧泰来《亭坐》诗云：“公余终日坐闲庭，看得梅开梅叶青。可是近来疏酒盏，酒瓶今已作花瓶。”文人雅士只有在书斋案几摆放瓶花才更觉风雅无边，瓶花有梅花、水仙、桃花、杏花、牡丹、芍药、石榴、荷花、桂花、菊花、芭蕉等，而似乎梅花是文人雅士的最爱。梅花及其枝干由于符合文人雅士“横斜”“疏影”的审美意趣，再加之梅花被赋予人格化的精神内涵，自然成为他们案几插花诵咏的首选。

龙泉窑青釉五管花插

南宋〔1127—1279〕

高 4.2 厘米，口径 15 厘米，底径 9.7 厘米

1974 年四川简阳东溪宋墓出土

四川博物院藏

花盆造型为折沿洗式，折沿边略内敛，下腹折内收，浅宽圈足底。胎白质坚，梅子青釉，莹润匀净。内底有五个空心直立小圆柱，柱下均有一圆孔。盆内的镂空与管饰是为了方便插花而专门设计的。

宋人生活贴近自然，信手拈花，便可插之，养之。插花形式自始就有“瓶花”与“盘花”两种，用盘插花容量比较大，但是花枝长了不好固定。浅盘插花如何固定花材？宋时产生的一种“占景盆”，很好地解决了这一问题。宋人陶谷《清异录·器物》记载占景盆：“郭江洲有巧思，多创物，见遗占景盆，铜为之，花唇平底，深四寸许，底上出细筒殆数十。每用时，满添清水，择繁花插筒中，可留十余日不衰。”宋人好清雅，插花也是讲究清疏明朗。五管花器正是宋人意趣的体现，小花小景，随意搭配，置于案头，妙趣横生。

汝窑天青色釉水仙盆

北宋〔960—1127〕

通高 7.6 厘米，口径 26 厘米 ×18.4 厘米，底径 22.5 厘米 ×14.8 厘米

河南宝丰清凉寺窑窑址出土

河南省文物考古研究院藏

花盆敞口，椭圆形，四个矮足，造型简雅大方。釉层略具厚度，柔腻如脂，光洁无纹，匀净端庄，充分展现北宋制瓷工艺对于如玉釉质的无上追求。

花盆是栽种花草的盆具。宋徽宗赵佶喜好花石，举凡江浙奇竹异花、湖湘文竹、四川佳果木石，无不毕至。水仙花具有高洁脱俗的韵味，受到宋朝文人雅士的追捧。诗人陈深《水仙兰》云："翩翩凌波仙，静挹君子德。平生出处同，相知不易得。"将水仙花比喻成君子，寓意其拥有高尚美好的品德。文人雅士常常感花抒怀，将自己内敛含蓄的人格寄托于花草之中，实现其物言心说的精神世界的表达。他们寄情于山水花草之中，在花与盆之间找到了安置心灵的隐逸空间。

[八] 燕居焚香

燕居焚香、把盏闻香的生活意趣，带着一缕香的生活温馨，成为众多文人雅士的爱好与日常。他们子夜读书有红袖添香，抚琴论道时以香为伴，宴请宾朋时常备香食，晨钟暮鼓之地香气氤氲。厅堂、水榭、书斋、闺阁、松下、竹间，置放一小炉，几缕轻烟，是一种生活的本真。书房、闺阁、厅堂中多有焚香所用的香炉、香箸、香瓶、香盒、宝子等焚香物品，设计新巧，点缀室内陈设。宋朝已经发展了用隔火熏香的方式，让香味舒缓地散发。焚香的技艺像斗茶一样，成了一种社会风尚。

“中兴复古”篆香

南宋〔1127—1279〕

边长5厘米，厚1厘米

1978年江苏常州武进村南宋墓出土

常州博物馆藏

据专家考证，此“中兴复古”篆香即《负暄杂录》中所载宋高宗所合的“内家香”品类，属龙涎香品的一种，香味氤氲，极富清韵。宋人将各种香料研磨混合后，调入蜂蜜制成丸状、饼状，或直接以粉末的形态使用。为了便于点燃，合香粉末可用模子压印成固定字形或花样，然后点燃，循序燃尽。

“卍”字顶盖石熏炉 铜香匙

北宋〔960—1127〕

炉：通高7.8厘米，盖径8厘米，口径12厘米，
腹径9.1厘米，足高2.4厘米
勺：通长16.50厘米

陕西蓝田吕氏家族墓出土

陕西省考古研究院藏

香炉使用天然无异味、质地疏松透气、易于加工成器的骊山石为原料制成。炉身宽平沿，直腹，平底，足外撇；炉盖镂孔为“卍”字形。通体素面，炉内及炉盖内壁密布黑褐色斑痕，应为使用时香料熏燃遗迹。勺呈长椭圆形，腹较深，细长条柄中部微曲略粗而两端渐细，末端呈圆形镂空花朵状，镂空处系满39枚小铜环。造型别致的铜香匙是焚香过程中使用的特殊工具。

在崇尚雅致生活的宋朝，“隔火熏香”的品香方式盛极一时：先点燃一块木炭，把大半埋入香灰中，再在木炭上隔一层云母片，最后在云母片上放香品。贵客登门之时，主人会拿出珍藏的沉香、奇楠、檀香等上等香材，用隔火熏香的方式慢慢烘烤香丸、香饼，在见香不见烟的意境里，品茗雅谈。

景德镇窑青白釉香炉

北宋〔960—1127〕

通高 16.5 厘米，腹径 15.3 厘米，底径 10.5 厘米

扬州博物馆藏

香炉造型为上下对合的球形，盖上布满“火焰状”镂孔；平底，底座收束。胎质坚密白细，器外满施青白色釉，釉色莹润如玉。器形美观敦实，为宋朝文人雅士的生活实用器。

釉色莹润的青白瓷，它既不像白瓷的素净、牙白瓷的雅洁，也不像卵白瓷的光透，更不像青瓷的翠绿，其色调给人清新淡朴、简约归真，却又不失雍容华贵之感。宋朝文人雅士的香炉中全天不间断地焚烧着各式香品，香气如同音乐一样成为生活中不可或缺的背景。这种幽香和现代的香水功能相似，却持久深远，意犹未尽，其意境与享受也高于今人的追求。

越窑青釉香炉

北宋〔960—1127〕

通高 8 厘米，口径 9.3 厘米，底径 6.1 厘米

1975 年江苏武进西村许家窑征集

常州市博物馆藏

香炉整器呈球形，熏盖以卷叶缠枝花为主纹，炉内香烟从叶间之孔逸出。子母口，弧腹，圈足。下腹刻重瓣仰莲，内外施青绿色釉，晶莹润泽。

熏香可以驱除秽气，清脑提神，净化居室；熏炉也是一种造型高雅华贵的陈设器，象征圣洁、吉祥、如意、安康。为了配合生活中不同的使用情景，香品也被研制出多样的香调和气质。有的用来熏衣，有的用来解酒，有的用来待客，有的用于寝帐。文人雅士浸润在这种种区别微妙的香品中，体悟着优雅巧静的精神之境。

龙泉窑青釉三足炉

南宋〔1127—1279〕

高 14.6 厘米，口径 20.4 厘米

1987 年孙大光先生捐献

安徽博物院藏

焚香用具。仿汉代温酒奁式样，筒形，直腹，平底，矮足；炉身装饰简约隐现的折枝花卉纹。造型简约明了，釉色清雅高洁，充满理学意味和古拙雅趣。

宋代开始流行三足瓷炉。“君子比德于玉”，青瓷香炉如玉的素雅质感正与君子风尚相符。与金属香炉的富丽堂皇相比，瓷香炉的美感在于温润的釉色、简洁的造型、写意的样式，正好迎合宋朝文人雅士内敛温和、崇尚简洁、讲究意境的审美。

定窑白釉弦纹三足炉

宋〔960—1279〕

高 6.7 厘米，口径 10.8 厘米，底径 10.4 厘米

1960 年湖南长沙杨家山南宋夫妇合葬砖室墓出土

湖南省博物馆藏

此炉直口，筒腹，平底，三蹄足。通体施白釉，胎白质坚，外壁饰以凸弦纹，制作精致，为定窑白瓷精品。在造型设计中宋朝人摒弃了汉晋时酒樽上复杂的纹饰，仅保留弦纹。墓主人是宋代有名士大夫王趯，直接印证了文人雅士追求简洁素雅的风尚。

钧窑兽耳衔环三足炉

宋〔960—1279〕

高 17.7 厘米，口径 17.9 厘米，腹径 20 厘米

辽宁省博物馆藏

焚香用具。仿商周时期铜鬲样式，又称鬲式炉。盘口，直颈，鼓腹，三足；器身饰对称兽耳衔环。造型浑圆饱满，胎质细腻坚致，天青釉窑变呈玫瑰紫色，色彩艳丽，纹饰繁密。此器规整对称，高雅大气，其势沉重古朴，明亮而深沉。

宋代出现大量仿青铜器物造型的瓷香炉，如鬲式炉、簋式炉、鼎式炉、高足杯式炉等。文人雅士对于鉴赏、陈设的需求，使得香炉呈现出了典雅的造型美感，更加趋向于精致耐看。香炉造型在仿古基础上去繁存简，更流畅简洁；优雅均衡的比例结构，清雅优美的线条，含蓄简约的纹饰，呈现出雅致婉约的风格，彰显人文气质，深受文人雅士的喜爱。

[九] 玩古清赏

自宋立朝之初起，统治阶级便推崇以古礼治国，仁宗之后更是期望“复古为三代”，通过新制礼乐、礼藏于器，重建社会秩序。文人雅士身体力行，收藏考证古器、编校著录图册，希望实现从证经补史到再现三代的复古理想。“上有所好，下必甚焉”，考古、博古衍生出玩古，激荡着鉴赏与研究趣味、复古之思与求新之念，一时好古蔚然成风。时人以古为尚，推崇稽古作礼乐新器，也强调“备物致用”，将古意融入日常生活中的实用器和陈设器，共同见证宋人格古清赏的审美情趣。

玩古清赏
自宋立朝之初起，统治阶级便推崇以古礼治国，仁宗之后更是期望“复古为三代”，通过新制礼乐、礼藏于器，重建社会秩序。文人雅士身体力行，收藏考证古器、编校著录图册，希望实现从证经补史到再现三代的复古理想。“上有所好，下必甚焉”，复古衍生出玩古，激荡着鉴赏与研究趣味、复古之思与求新之念，一时好古蔚然成风。时人以古为尚，推崇稽古作礼乐新器，也强调“备物致用”，将古意融入日常生活中的实用器和陈设器，共同见证了宋人格古清赏的审美情趣。

“大晟”铜钟

北宋〔960—1127〕

残高 25 厘米，舞修 16.5 厘米，舞广 14.5 厘米

湖南省博物馆藏

此钟钮残，据其他尚存大晟铜钟分析，钮应为双龙形。钲部正面刻“大晟”，背面刻“黄钟清”。据测音，相当于今天的“C”音。应是宋徽宗推行新乐时，所铸造铜编钟中的一件。当时，朝廷设立“大晟府”，负责重制新乐，“谓之雅乐，颁之天下，播之教坊”，所铸铜钟因此得名。大晟铜编钟每件均有固定音高，据传式样参照春秋宋公成之钟，律名分黄钟、夹钟、夷则、无射、应钟、南吕等，有正声、中声、清声三种。

宋朝统治阶级，包括仕宦文人在内，倡导复兴古代礼乐，重建社会秩序。北宋晚期，以徽宗为代表，“追三代于鼎彝之间”，铸造了大量制作精良、器形和纹饰源自商周的仿古青铜礼乐器，或用于复兴古乐，或用于太庙、明堂等处的祭祀活动，或赏赐大臣。在帝王倡导、文人士大夫阶层亲身参与之下，考古、博古拓展到玩古赏古，进而成为时人修心赏心之悦事。

三足铜炉

宋〔960—1279〕

高 44 厘米，口径 19.7 厘米

四川剑阁鹤鸣山宋墓出土

四川博物院藏

此铜炉器形仿商周食器青铜甗，应是用作香炉。炉上部卷云纹、龟背纹是宋元时期流行的图案。炉下部水波状纹饰细密，排列规则，与流行于西周晚期至春秋早期饪食器上的波曲纹似是而非，富有创意。云形耳也是一大特点。整器纹饰繁密，彰显复古趣味，却又新意盎然。

饕餮纹铜尊

宋〔960—1279〕

高 40 厘米，口径 24 厘米

四川成都市文化宫中学移交

四川博物院藏

先秦时尊是酒器的统称。今之命名为尊的青铜器，多延用自宋以来所定同类器物的名称。此青铜尊应是用作花器，装饰的饕餮纹是商周青铜器的典型纹饰，此器饕餮纹更为变形夸张神秘。侈口圆筒状，足部外扩，相较于商代晚期和西周早期流行的同类尊，具有明显的新增特征，反映了宋朝稽古作器，但不完全照搬照抄，也反映出时人复古与求新之间的审美趣味。

龙首衔环耳铜壶

宋〔960—1279〕

高 50 厘米，口径 13 厘米，底径 16.5 厘米

四川剑阁鹤鸣山宋墓出土

四川博物院藏

宋朝仿古壶的祖型较多来源于商周器物中的酒器，是受复古之风影响而新增元素较多的器类，如双耳壶、蒜头壶等。此类仿古壶的功用有扩展，演变为供器或陈设用器，也可用作花器。此龙首衔环耳铜壶的造型和纹饰，如云雷纹、绹索纹、涡纹等，具有复古意味，但带浪花的水波纹、云耳纹、龟背纹等极富新意。

越窑青釉鼎

南宋〔1127—1279〕

高 9.1 厘米，口径 11.6 厘米

浙江慈溪出土

浙江省文物考古研究所藏

此香鼎造型仿古，铺首衔环及攀爬状兽首耳、兽面纹三足，以及腹部弦纹等，古意盎然，源于先秦青铜器纹饰，但腹部主体纹饰为卷草状涡纹和莲瓣纹，具有新意。整器造型古朴端庄，青色釉面光洁均匀，给人静谧温润之感，用作香鼎，可见证宋人所好及其审美与精神追求。

在古器物研究不断深入以及出土古器不断增多的持续刺激下，瓷器制作也加入复古行列，至北宋后期大盛于世。瓷器以其特有的光泽、特殊的材质性能，以及更广泛和相对易获得的原料，参照青铜器原型，打上具有三代意象的符号，成为宋朝文人士大夫的新宠，见证复古风尚发展到新的阶段，好古趣味影响到更广大层面，并进一步融入现实生活，贴近普通大众。玩古悦新，浓厚的创新意识，成就好古新导向，从而引领宋人新的生活方式。

龙泉窑豆青釉盘口瓶

宋〔960—1279〕

高30厘米，口径10厘米，底径11厘米

四川什邡宋代窖藏出土

四川博物院藏

商周青铜器没有瓶之说，此瓶应是仿先秦青铜壶而来。所饰凸弦纹是先秦青铜器比较常见的纹饰。胎色灰白，施青色厚釉，温润如玉，简洁大气，用作花器，恰合宋朝文人士大夫复古的追求及其崇尚清雅的艺术品位。

龙泉窑青釉琮式瓶

宋〔960—1279〕

高 26.9 厘米，口径 7.3 厘米，底径 8.1 厘米

福建博物院藏

此瓷瓶为仿新石器时代玉琮所制器物。据载宋人曾误以为玉琮是西周祭祀用器，因此稽古作器时，也将之纳入了仿制范畴。琮式瓶为南宋始有的瓷器造型，端庄古雅，是有宋一代崇古复古思潮的物化表现。此器最初用作祭祀礼器，后扩展为陈设器或花器。

结语

闲来无事不从容，
睡觉东窗日已红。
万物静观皆自得，
四时佳兴与人同。

摘选自程颢《秋日偶成》

探索与研究

茶味人生随意过

——宋朝茶文化漫谈

湖南省博物馆研究员　王树金

中国饮茶历史时代久远，茶文化内涵更是远超越于解渴、饮食范畴。从目前研究成果可知，整体来说我国饮茶方式大致经历了三个演变阶段（图1）：

第一阶段为两汉到魏晋南北朝时期，据西汉王褒《僮约》记载：“烹茶尽具，酺已盖藏。”东汉末吴普《桐君采药录》中称：“巴东别有真香茗，煎饮令人不眠。”到了魏晋时期由于社会动荡不定，当世名士们或纵酒宴饮，或品茗谈玄。两晋时期的郭璞《尔雅注》说：“（茶）树小如栀子，冬生，叶可煮作羹饮。”但尽管茶具种类日益齐备、茶叶品种逐渐增多，饮茶方式还是把茶叶煮成羹汤似的“粥茶法”，饮茶的目的还没有上升到以茶为媒，来达到精神上的享受层面。

第二阶段为唐朝至元朝前期，饮茶方法改用末茶法。尤其是到了唐宋，饮茶得到普及，成为各阶层的共同爱好。《旧唐书·李珏传》记载：“茶为食物，无异米盐，于人所资，远近同俗。”宋朝王安石《议茶法》中说：“茶之为民用，等于米盐，不可一日以无。”唐宋时将茶叶制成片茶存放，饮用前需先碾后筛成末。片茶，又称饼茶或团茶（蒸熟的茶叶榨去茶汁，然后将茶碾磨成粉末，放入茶模内，压制成形，以免破坏茶的真味，降低茶的养分，逐渐被后世所淘汰，然而在宋时，片茶却是茶之上品）。唐人流行煮茶，茶末加入釜中煎煮，《茶经·六之饮》记载：“用葱、姜、枣、橘皮、茱萸、薄荷之等，煮之百沸，或扬令滑，或煮去沫。”宋朝出现并盛行点茶，将茶末置于盏中冲点击拂。宋朝时人们依照茶叶特性和人们的口味，把“鼎镬煮茶”变成了用沸水泡茶，已经不再在茶汤里面添加姜、盐等调料佐味。仅在少数地区保留煮茶添加佐料的方式。正如苏辙《和子瞻煎茶》里所写：“又不见北方俚人茗饮无不有，盐酪椒姜夸满口。”

第三阶段是元代后期，出现了散茶法，当时的南方兴起了直接用开水泡茶叶的泡茶法，北方仍旧盛行点茶法。到了明代，点茶法消失，团茶改为叶茶，变成以茶壶沸水冲泡。这种饮茶方式一直流传至今。

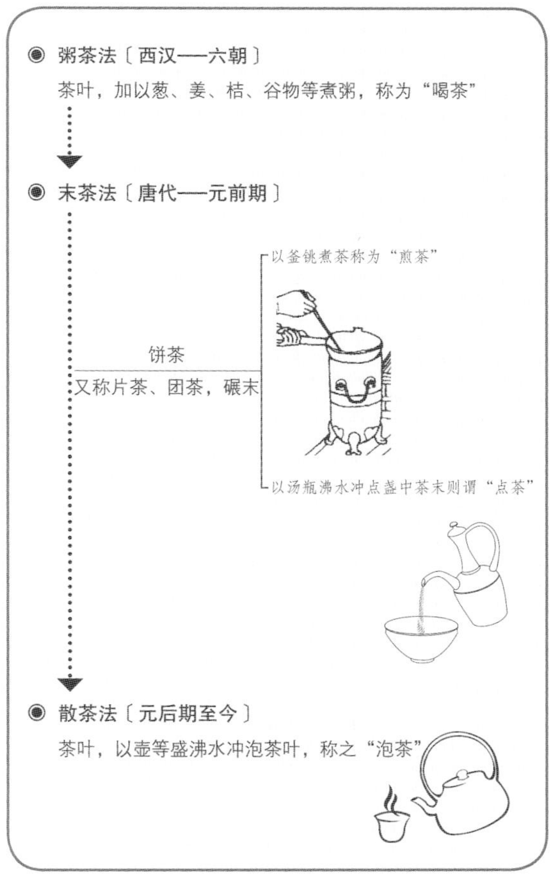

图1 中国历代饮茶方式图示

“茶兴于唐，而盛于宋。”自唐宋以来，茶便成为人们日常生活中不可或缺的一部分。中国的茶文化得到推广、提升主要是在宋朝。在文人与上层统治者的推崇、倡导下，全国上下不同阶层对茶事活动的参与和热爱程度史无前例，上自帝王，下至民众，无不喜好饮茶。据史料记载，全国有66个州、242个县种植茶叶，茶树栽培面积较前代增加了两三倍。全国范围内出产茶叶200多个品种（至今保留的如龙井茶、武夷茶、普洱茶等，唐朝名茶50多种，明朝50多种，清朝只有40多种）。有关茶的著作近30种，内容较详尽、广泛，有专谈斗茶技艺要领的《茶录》，有品第茶品高下的《品茶要录》，有专门记载皇家茶园茶叶制法及品名的《北苑别录》，有专论福建建安名茶的《东溪试茶录》，有专门图文并茂品评茶具的《茶具图赞》（图2），甚至宋徽宗赵佶还亲自著书《大观茶论》。此外，关于茶的文章有300余篇，诗词多达1000余首。

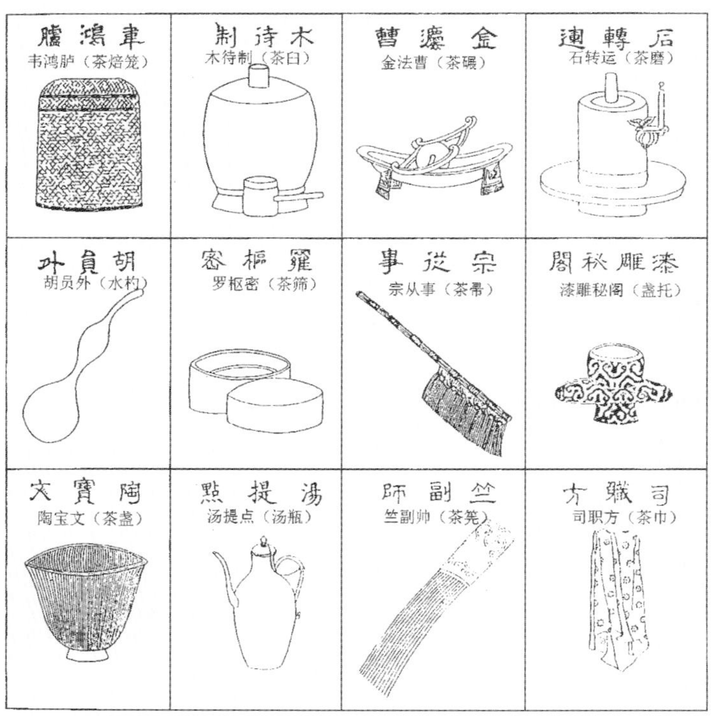

图2 南宋审安《茶具图赞》中所附12种茶具图

僧侣的“禅茶一味”

饮茶起于山林与寺院，后来逐渐在文人雅士中流行，成为士人雅致生活的重要组成部分。饮茶和参禅的本质都在于通过这两件事进行人生感悟，达到恬静淡泊的人生境界和生活情趣。中唐以来茶常常与吟诗相结合，到宋时已融合成“禅茶合一”的境界，以茶参禅，以茶讲禅，使人摒弃纷争，放下执念，自我构建一种出世之境，然后在茶中寻获禅的精神愉悦，感受茶之美、禅之美。

图3 碾茶、饮茶场景

南宋《五百罗汉图》局部，日本京都大德寺藏

日本京都大德寺藏南宋《五百罗汉图》（图3），描绘有五个高僧围在一起参禅问道，一汪活泉正注流而下，一茶童正持茶杓接水，其右手拿着的正是点汤专用瓷器——汤提点。而画面最下部分，描绘两小鬼正在备茶。右边小鬼左手拿炭夹，右手持扇子，正在生风炉，炉火正旺。左边的小鬼正坐在地上，卖力地碾茶，其左前方放着的正是木待制（木槌，用来把茶饼敲碎），其右侧地上放着一件花口浅盘，上面放着宗从事（棕刷，把茶粉末从茶碾中收集进茶罗）、茶匙（取茶粉用，还可用于击拂汤花）、罗合（筛茶粉并存储茶粉）。

皇家的宫廷茶宴

宋徽宗赵佶一生爱茶，常在宫廷以茶宴请群臣、文人，有时兴至还亲自动手烹茗、斗茶取乐，并亲自著书《大观茶论》以论茶道。台北故宫博物院收藏的《文会图》，据说是赵佶描绘当时文人会集宴饮吃茶、饮酒的盛大画面（图4）。该画作右上角有作者赵佶的行书自题诗《题

图4 宋徽宗《文会图》局部

台北故宫博物院藏

文会图》："儒林华国古今同，吟咏飞毫醒醉中。多士作新知入彀，画图犹喜见文雄。"左上角是蔡京所题的和韵诗："明时不与有唐同，八表人归大道中。可笑当年十八士，经纶谁是出群雄。"《文会图》也可看作宫廷画家根据宋徽宗赵佶的旨意，因频频举办茶会、文会应景摹写、创作而完成的作品，其中不乏赵佶的文化创意，甚至有可能是他亲自参与创作，与宫廷画家一起共同促成了此件《文会图》的诞生。正是这种上行下效的影响，使宋朝人品茶之风盛行。

图中描绘在庭院柳荫下以文会友品茶饮酒赋诗的场景，茶床旁设有茶炉、茶箱等物，炉上放置茶瓶，炉火正旺。茶床上陈列茶盏、盏托、茶瓯等物，一童子手提汤瓶，意在点茶；另一童子手持长柄茶杓，正在将点好的茶汤从茶瓯中盛入茶盏；左下方坐着一位青衣短发小茶童，左手端茶碗，右手扶膝，正在品饮。

《文会图》中的诸多茶具与考古发掘出土的茶具形制上均可一一对应。本展览中展出了湖南省博物馆藏青釉牡丹纹茶盏，敞口，斜腹，小矮圈足。通体施青绿釉，釉层均匀。内壁模印六格折枝牡丹花叶，外壁口沿下饰弦纹。

点茶必须使用的汤瓶，又可称注子、注壶、执壶。展品中湖南省博物馆藏的北宋衡州窑青釉执壶、安徽博物院藏的北宋繁昌窑青白釉执壶，都是属于宋朝常用的汤瓶类型，形体特征基本相似，属于茶酒筵席中不可或缺的器具。点茶使用的茶盏多为青瓷、白瓷、青白瓷，而黑盏最适合点茶、斗茶。展品中的陕西省考古研究院藏北宋蓝田吕氏家族墓M12吕大圭墓出土的耀州窑黑釉鹧鸪斑盏、福建博物院藏的南宋建窑酱釉兔毫盏，均为难得一见的珍品。宋朝从皇帝到文人雅士，都喜爱斗茶，斗茶使用的茶具以建窑所烧"建盏"最为著名。蔡襄《茶录》认为饮茶要用建窑茶盏，因其胎体粗厚能以手捧持，又最能衬映白色茶面："茶色白，宜黑盏，建安所造者绀黑，纹如兔毫，其坯微厚，熁之久热难冷，最为要用。"宋徽宗《大观茶论》也赞："盏色贵青黑，玉毫条达者为上，取其焕发茶采色也。"

刚刚点好茶的茶盏通常会放到盏托上再送给品茶者。河南省文物考古研究院藏宝丰清凉寺汝窑窑址出土的北宋青釉葵花形盏托，属于汝窑的典型代表瓷。盏托，宋朝又名茶托、托子等，主要用来防止茶汤烫手。

此次展览中河南宝丰清凉寺汝窑窑址出土的北宋汝窑青釉托盏由托、盏、盖组成，陕西蓝田吕氏家族墓M16吕大章墓出土的茶具由耀州窑青釉菊纹盏、黑釉盏托组成，都属于保存完整成套的茶具。汝瓷釉色有"雨过天晴云破处"之美妙，耀州窑青釉茶盏釉色淡雅，完全符合宋朝文人雅士的审美追求。

饮茶在唐中晚期开始流行，唐朝陆羽在《茶经》中指出，茶可以治"热渴、凝闷、脑疼、目涩、四肢烦、百节不舒"。《大观茶论》更言茶可"祛襟涤滞，致清导和""中澹间洁，韵高致静"，大意是说茶可以使人开阔胸襟，消除郁闷，精神清爽，心境平和，清闲高洁，雅致宁静。

图 5 传南宋刘松年《撵茶图》
台北故宫博物院藏

文人的“对客烹茶，笑谈今古”

茶，可以说是宋朝文人雅士的灵魂伴侣。他们十分注重内心的素养，追求内心平静。宋朝文人同前代知识分子相比，他们大都拥有施展自己抱负的政治平台，在面对失落与痛苦时所表现出来的从容气度，为他们的精神风貌平添了几分睿智与深邃，减却了不少浮躁与肤浅。茶先苦后甘的物性与宋朝文人这份深沉性格有着天然的契合，它承载了宋朝文人的文化性格。朱熹从茶所蕴藏的先苦后甘回味无穷的物性，联系到人生“始于忧勤，终于逸乐，理而后和”的辩证道理，与范仲淹的“先忧后乐”人生价值观可谓一脉相承。

宋朝文人是宋朝茶文化最主要的实践主体。他们热衷于品茶或精研于茶艺，将茶与娱乐、艺术等融为一体，众多名流如范仲淹、梅尧臣、欧阳修、蔡襄、王安石、苏轼、苏辙、黄庭坚、陆游等都写下了大量品茶诗文，在日常生活与社会交往中，他们常三五好友随性小聚，以茶会友，以茶消日，并吟茶入诗、以茶入画。有时会以斗茶为娱乐。在确定为或相传为宋朝的绘画中也常常有所体现，尤其在雅集题材的作品里，品茶等文人四艺是必有的内容，只不过或多或少而已。

传为南宋刘松年绘的《撵茶图》（图 5）以工笔白描法，绘画了磨茶、点茶、挥翰、赏画的文人雅士茶会场景。画中左前方一仆役骑坐在长条矮几上，右手正在转动茶磨磨茶。旁边的黑色方桌上陈列筛茶的茶箩、贮茶的茶盒、白色茶盏、红色盏托、茶匙、茶筅等，一仆役正伫立桌边，右手提汤瓶，左手执茶盏，欲待点茶。他左手桌旁有一风炉，上面正在煮水，右手旁边是贮水瓮，上覆荷叶盖。一切显得十分安静、整洁有序。画面右侧有三人，一僧伏案执笔书写，一士人相对而坐，似在观赏。另一士人坐在案旁，双手展卷，而眼神却在欣赏僧人作书。画面充分展示了文人雅集品茶、赏画的生动场面，再现了两宋流行的点茶技艺（图 6）。

除了大家所熟悉的点茶法之外，宋朝文人在日常生活中多以煎茶为主要饮茶方式，煎茶能在最大程度上保留茶的真味，先苦后甘的口感亦如人生，品尝的过程也是内心平静的过程，与好友分享、沟通的一种途径。辽宁省博物馆藏北宋摹本《萧翼赚兰亭图》为我们展现了宋代的煎茶场景（图 7）。

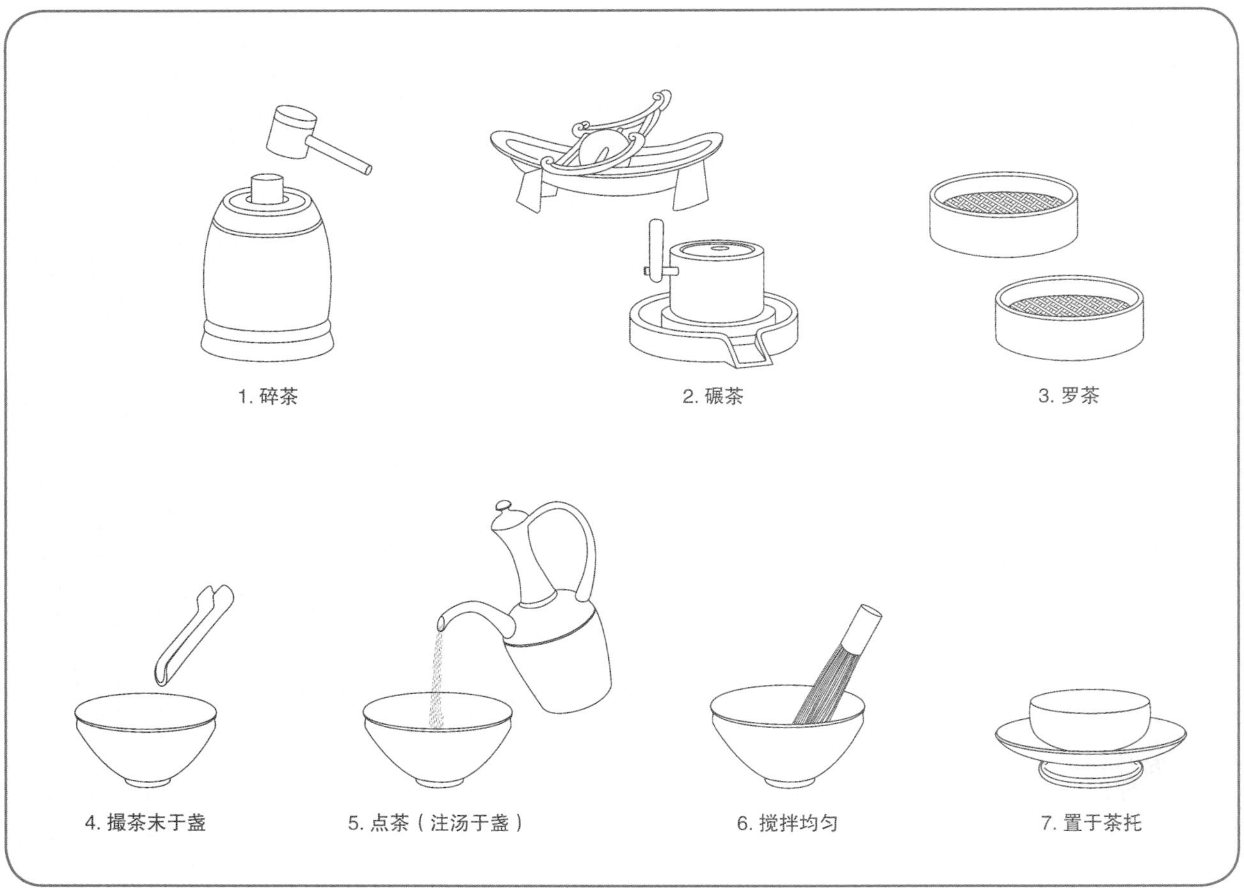

图 6 点茶流程示意图

图 7《萧翼赚兰亭图》（局部）煎茶场景

辽宁省博物馆藏

图 8 《萧翼赚兰亭图》（局部）煎茶场景线图

细观其复原线图（图 8），图中绘一满面胡须的长者在风炉前，炉火上放一铫，正在煮茶。长者左手执铫柄，右手持茶夹搅动茶汤。旁边童子弯身，双手捧着茶托、茶碗准备分茶，两人表情入神。

煎茶流程相对于点茶比较简单便利。煎茶法主要用饼茶，经炙烤、冷却后碾筛成末，水沸投末，并加以环搅，三沸则止。头三碗是最适宜的，趁热饮茶，及时洁器。而煎茶法中茶投冷、热水皆可，需经较长时间的熬煮。煎茶法的主要程序有备器、备水、生火煮水、投末、育华、分茶、饮茶、洁器。

我们在展厅里选取了部分精品向观众展示煎茶用具，如湖南湘乡棋梓桥出土的湘乡窑青釉急须壶，属于铫一类的煮茶器，该器直柄中空便于插入木柄防止烫伤手，壶底置于炭火上烧，故不施釉。

宋朝茶具绝大多数具有色彩纯净、纹饰简洁无华的特征，正是文人雅士追求自然、平淡素雅的生活态度在茶具上的体现。在各色茶具中，尤以青白瓷“如冰似玉”符合文人雅士气质，备受推崇。湖南省博物馆藏青釉牡丹纹茶盏以及青釉盏，陕西蓝田吕氏家族墓 M16 吕大章墓出土耀州窑青釉菊纹盏、吕氏家族墓 M5 吕省山墓出土的耀州窑青瓷牡丹纹套盒、扬州博物馆藏北宋景德镇窑青白釉茶盒、会溪南宋墓出土龙泉窑青釉象钮罐，釉色匀润，滋润如玉。

宋朝儒、释、道三家合流、相互融合的社会思潮对文人雅士的生活态度产生了重要的影响。儒家注重平和谦恭，以茶养德；道家崇尚清净自然，以茶修心；佛家推崇明心见性，以茶悟道。三者的融合，最终使宋朝文人雅士形成理智平和、淡泊名利、宁静致远的人生价值观。从品茶、吟茶中，我们可以感受到宋朝文化从整体上呈现出来的是一种内敛、深沉的特征。孕育了他们清旷闲雅、平淡自然的人文气质。茶，成了文人雅士们相互沟通、和谐共处的载体，他们用自己的生活去丰富茶事，用茶来承载自己的生活感受，既创造了平淡隽永的茶文化，也将自己的生活建构成了“有意味的形式”。茶平和温润，清净高雅，清茶入口，缓缓饮，细细品，不仅感受茶之真味真性，还能使人获得一种愉悦、虚静的心里感受，净化身心，稳定情绪，思考人生。

市民的“不可一日无茶”

作为茶业发达、茶事普及的标志之一，就是茶馆的大量出现。唐朝“城市多开店铺，煎茶卖之，不问道俗，投钱取饮”（《封氏闻见记》）。北宋开封、南宋临安众多茶馆散布于城市商业区内、街巷内等各处（附表）。南宋时经营者还开始根据临安的自然地理环境，选择在坐拥湖光山色、风景秀丽的景区内开设茶馆，茶馆休闲已经成为市民日常生活的重要方式之一。

附表 两宋都城茶馆统计表

北宋开封茶馆分布图				
序号	茶馆名称	茶馆位置	文献原文	材料来源
1	樊楼畔小茶肆	樊楼附近	"京师樊楼畔有一小茶肆甚潇洒清洁，皆一品器皿，椅桌皆济楚。故卖茶极盛。"	《说郛》卷 37 《摭青杂说》
2	开封县前茶肆	开封县衙前	"宣和元年夏，雨昼夜凡数日，及霁，开封县前茶肆中有异物。"	《宋史》卷 62
3	御街东周秀茶坊	御街东	"犹豫间，见东街一个茶肆，牌书：'周秀茶坊'。徽宗遂入茶坊坐定。"	《大宋宣和遗事》
4	封丘巷茶肆	封丘巷	"范鲁公一日坐封丘巷茶肆。"	《宋名臣言行录·前集》卷 1
5	御街东李四分茶	御街东	"御街一直南去，过州桥，两边皆居民。街东车家炭、张家酒店，次则王楼山洞梅花包子、李家香铺、曹婆婆肉饼、李四分茶。"	《东京梦华录》卷 2
6	御街北薛家分茶	御街北	"街北薛家分茶，羊饭，熟羊肉铺。"	《东京梦华录》卷 2
7	相国寺丁家素茶	州桥东	"寺东门大街，皆是幞头、腰带、书籍，冠朵铺席，丁家素茶。"	《东京梦华录》卷 3
8	潘楼东十字街从行裹角茶坊	潘楼附近旧曹门	"又东十字大街，曰从行裹角，茶坊每五更点灯，博易买卖衣服、图画、花环、领抹之类，至晓即散，谓之鬼市子。"	《东京梦华录》卷 2
9	东华门外茶肆	东华门外	"太祖阅蜀宫画图，问其所用，曰：'以奉人主尔'。太祖曰：'独览孰若使众观邪'。于是以赐东华门外茶肆。"	《后山谈从》卷 5
10	北山子茶坊	潘楼附近旧曹门	"又投东则旧曹门街，北山子茶坊，内有仙洞、仙桥，仕女往往夜游，吃茶于彼。"	《东京梦华录》卷 2

南宋临安茶馆分布表

序号	茶馆名称	茶馆位置	文献原文	材料来源
1	龙山茶肆	龙山	“绍兴辛酉冬，仲信兄客临安，尝观是岁南郊仪状于龙山茶肆。”	《玉照新志》卷 4
2	朝天门茶肆	朝天门	“毛德昭名文，江山人……有唐锡永夫者，遇德昭于朝天门茶肆中。”	《老学庵笔记》卷 1
3	清乐茶坊	平康诸坊	“诸处茶肆，清乐茶坊，八仙茶坊，珠子茶坊，潘家茶坊，连三茶坊，连二茶坊，及金沙桥等两河，以至瓦市，各有等差，莫不靓妆迎门，争妍卖笑，朝歌暮弦，摇荡心目。”	《武林旧事》卷 6
4	八仙茶坊	平康诸坊	同上	《武林旧事》卷 6
5	珠子茶坊	平康诸坊	同上	《武林旧事》卷 6
6	潘家茶坊	平康诸坊	同上	《武林旧事》卷 6
7	连三茶坊	平康诸坊	同上	《武林旧事》卷 6
8	连二茶坊	平康诸坊	同上	《武林旧事》卷 6
9	众安桥附近茶肆	众安桥	“太史局令史吴师颜……居于临安众安桥下……或诣其家邀之出，就相近茶肆款话，若素所厚善者。”	《夷坚志 · 支癸志》卷 8《吴师颜》
10	嘉会门外茶肆	嘉会门	“乾道六年冬……四人同出嘉会门外茶肆中坐，见幅纸用绯贴，尾云：‘今晚讲说《汉书》’。”	《夷坚志 · 支丁志》卷 3《班固入梦》
11	西陵桥茶肆	西陵桥	“王妙坚者，本兴国军九宫山道姬也……既而至杭，多游西湖两山中，一日，至西陵桥茶肆少憩。”	《齐东野语》卷 10

12	潘节干茶坊	市西坊南	“大街有三五家开茶肆，楼上专安着妓女，名曰花茶坊，如市西坊南潘节干俞七郎茶坊，保佑坊北朱骷髅茶坊，太平坊郭四郎茶坊，太平坊北首张七相干茶坊。盖此五处，多有吵闹，非君子驻足之地也。”	《梦粱录》卷 16
13	俞七郎茶坊	市西坊南	同上	《梦粱录》卷 16
14	朱骷髅茶坊	保佑坊北	同上	《梦粱录》卷 16
15	郭四郎茶坊	太平坊	同上	《梦粱录》卷 16
16	张七相干茶坊	太平坊北首	同上	《梦粱录》卷 16
17	黄尖嘴蹴球茶坊	太平坊	“更有张卖面店隔壁黄尖嘴蹴球茶坊，又中瓦内王妈妈家茶肆，名一窟鬼茶坊。大街车儿茶肆，蒋检阅茶肆，皆士大夫期朋会聚之处。”	《梦粱录》卷 16
18	王妈妈家茶肆	中瓦内	同上	《梦粱录》卷 16
19	车儿茶肆	御街	同上	《梦粱录》卷 16
20	蒋检阅茶肆	御街清河坊	同上	《梦粱录》卷 16
21	南北茶坊	中瓦	“中瓦南北茶坊，内挂诸般琉栅子灯，诸般巧作。”	《西湖老人繁胜录》
22	天街茶肆	御街	“都城自旧岁冬孟驾回……而天街茶肆，渐已罗列灯毬等求售，谓之灯市。自此以后，每夕皆然。”	《武林旧事》卷 2《元夕》

北宋《东京梦华录》记载了当时都城开封汴梁的茶风炽盛情况，那里茶坊林立，与居民住房交相杂错，从早到晚开放，生意兴隆："至三更天方有提瓶卖茶者，盖都人公私营干，夜深方归。"甚至有专供仕女夜游吃茶的地方，如"北山子茶坊，内有仙洞、仙桥，仕女夜游，吃茶于彼"。无论白天还是晚上，市民只要有闲暇，抬脚就可进茶坊。这在张择端的《清明上河图》中也有印证（图9）。南宋《梦粱录》记载都城杭州茶馆、茶楼处处皆是，有的茶坊很考究，室内插四时花，张挂名人书画，仿效"茶宴"，场面雅致宜人，是"士大夫期朋约友会聚之处"。

宋朝的茶馆已由都市普及到乡村。除了茶坊之外，还有提壶往来叫卖的人，在杭州城内亦有一种流动的茶担、茶摊，称为"茶司"，他们"每担一付，最为便当"（范祖禹《杭俗遗风》），服务对象是普通劳动群众，

图9 遍布各处的茶坊

北宋张择端《清明上河图》(局部)，北京故宫博物院藏

图 10 流动的茶担

《斗浆图》，黑龙江省博物馆藏

茶水价廉物美，品饮快捷方便，还可替人传讯捎物，广受人民欢迎。南宋的《斗浆图》（图 10）正是这种流动茶担的形象写照。

综上可知，宋朝在上层贵族与文人雅士推动影响下，社会各阶层人士都嗜好饮茶，正如《梦粱录》中所言“人家每日不可阙者，柴、米、油、盐、酱、醋、茶。”

注：本文撰写中参考了徐轲《宋代茶馆研究》，季孟飞《两宋都城的酒楼茶肆研究》，翁梅《清新淡雅：宋代瓷器文人气质的彰显》，李娟《茶，宋代文人社会交往的媒介》，刘旋、郭雅玲的《品味朱熹的武夷山水茶之意境》等论文。

炉烟袅清香

——两宋文人好香与香炉

湖南省博物馆研究员　郑曙斌

香事由来已久。早在先秦时期，就有用于礼制祭祀的熏香。《诗经·大雅·生民》有“取萧祭脂”“其香始升，上帝居歆”句，即是指熏燃蒿草和动物脂肪，使气味上达于天，祖先神灵于是安而飨之。而更为广泛的焚香见于日常生活，或焚于室内，以祛秽气；或熏衣被，以取芳馨。逮至两宋之时，香事臻至鼎盛。不但敬神祭祖要燃香，居室厅堂里有熏香，宴会庆典也要焚香助兴，而文人雅士书斋更有焚香。焚香深受宫廷贵族、文人雅士的喜爱。文人喜香、爱香、用香、赠香成一时风气。他们视焚香为日常必需活动，燕居而求幽玄的清境，实少它不得。焚香追求的不是豪奢，亦非仅是点缀风雅，而是本来保持着的一种生活情趣。他们把原本是实实在在的日常生活，过得十分诗意悠闲，可以说平常处处是风雅，抑或说风雅处处是平常。熏香成为诗词常见意象之一，大量文人咏香以托志述情。苏轼、黄庭坚等人对熏香颇有研究，甚至能亲手制香。如果说宋人好香，皇室和王公贵族促进了当朝熏香文化的兴盛，而文人雅士则升华了熏香的文化内涵，文人与香是传统熏香文化中相当重要的部分。

彼时之香，品类甚众

文人燕居，热衷焚香。“沉水一铢销永昼，盘书数叶伴残更”（刘克庄《身在》），怡神涤虑，澹志忘情，皆是其境界。宋代出现了洪刍的《香谱》、陈敬的《香谱》、叶庭珪的《香录》等一些关于香的专著。进口的香料主要有乳香、龙涎香、龙脑香、沉香、降真香、麝香、檀香、木香、豆蔻、安息香、没药、阿魏、蔷薇水等等。据《宋史》记载，进贡的香料品种之繁和数量之多都是前代无法比拟的。“吴越国王进郊祀礼金银、珠器、犀象、香药皆万计”，泉州陈洪进遣使贡“白金千两，乳香、茶药皆万计”（《太祖本纪》）。钱俶曾多次向朝廷进贡香药、乳香，太宗即位后，钱氏贡龙脑檀香床，又贡香药万斤、干姜五万斤（《吴越钱氏世家》）。建隆二年（961），占城国王贡龙脑、香药等。天禧二年（1018），占城国王贡乳香五十斤、丁香花八十斤、豆蔻六十五斤、沉香百斤、笺香二百斤、茴香百斤。熙宁十年（1077），注辇国王遣使献乳香、瓶香、蔷薇水、木香、阿魏、丁香、龙脑（《外国列传五》）。

香文化的兴盛，使得制香技术和香料配方日益提升。宋人将各种香料研磨混合之后，除了调入蜂蜜制成丸状、饼状，也以粉末的形态使用之。为了便于点燃，合香粉末可用模子压印成固定字形或花样，然后点燃，循序燃尽。这种方式称之为“香篆”。南宋华岳《香篆》称：“轻覆雕盘一击开，星星微火自徘徊。还同物理人间事，历尽崎岖心始灰。”江苏常州武进村南宋墓出土“中兴复古”香饼一枚，背面模印蟠屈向上、身姿相对的两条龙，可知是出自宫禁的“内家香品”。合香调和众香制作香饼，所使用的原料，由水沉、白檀香、降真香一类构成主体香韵的基本香料，用甘松、丁香、藿香、零陵香一类作调和与修饰，用艾纳、甲香、龙脑、乳香、安息香或金颜香、麝香、龙涎香一类作发香（令各种香料成分挥发均匀）和聚香（使香气尽可能留长）。而宋人艳称的“龙涎香品”或称“古龙涎”，曾是当时最时髦的香品，即是以水沉为本，杂以脑麝香花而制成的合香。宋人喜爱的“蒸沉”，即用蒸馏香水的方法熏制水沉，以调配出个性化的香气，如柚花沉、玫瑰沉、桂花沉。宋人重沉香，和合众香制作香饼，水沉也是核心，而主要取用的是海南沉。杨万里有诗云：“薰然真腊水沉片，烝以洞庭春雪花”，“锯沉百叠糁琼英，一日三薰更九烝”（《和仲良分送柚花沉三首》）。

彼时之炉，古朴雅致

香文化已经渗透到宋人的日常生活，文人士大夫将用香、品香视为一件雅事。文人追求雅致生活，精通“点茶、插花、挂画、焚香”四艺。他们透过这四般闲事将日常生活提升至艺术境界，充实内在涵养与修为。“焚香”作为“四艺”中的一艺，除了给文人带来莫大的感官享受之外，还在于彰显文人的身份地位，满足精神追求。

“焚香”用的香具多种多样，如香炉、手炉、香斗、香熏、熏球、香盒、香箸、香匙等，而各式香炉最具特色。香料被制成香品在炉内焚烧，避免了将原材料直接放入炉内燃烧引起明火飞溅。焚香器具在原有熏炉基础之上演变出了一种无盖的香炉，如鼎式炉、鬲式炉、簋式炉、高足杯炉、奁式炉、鱼耳炉等等。宋人赵希鹄《洞天清禄集·古钟鼎彝器辨》说：“古以萧艾达神明而不焚香，故无香炉。今所谓香炉，皆以古人宗庙祭器为之。爵炉则古之爵，狻猊炉则古踽足豆，香球则古之鬵，其等不一，或有新铸而象古为之者。惟博山炉乃汉太子宫所用者，香炉之制始于此。”可见宋人香炉形制多仿古融新。一些釉色雅致的小型仿古香炉，也因其造型精美成为了文人的收藏把玩之物。与日常生活习习相关的香炉，设于桌案为文人所用者，但求古朴典雅或清俊秀逸，尺寸一般不大。香炉造型丰富多样，小巧简练、线条优美、古朴雅致，成为文人不可或缺的重要香具。

两宋香炉的造型很丰富，尺寸或大或小，或有盖或无盖。不带盖的有莲花式、奁式与仿古式，带盖的称熏炉，如香毬、鸭炉和鸳鸯炉。材质则以瓷器为多，也有金银器。南宋最具特色的是仿古香炉，尺寸都很小，高矮多在10厘米左右。文人的日用焚香，都是用这一类小型香炉。小型的瓷炉多出自宋官窑和龙泉窑，风格特殊而完美，得自装饰与制作工艺结合得浑然如一。

文人的书房皆设有古琴，抚琴之时也必然焚香，以营造静谧雅致的氛围。文人常焚香对琴，暗香浮动，确能增添听琴雅兴，唯香清琴雅，方两相得宜。《溪山琴况》云：“独琴之为器，焚香静对，不入歌舞场中。”《琴书大全·焚香弹琴》亦云：“惟取香清而烟少者，若浓烟扑鼻，大败佳兴，当用水沉蓬莱，忌用龙涎、笃耨凡儿女态者。”抚琴时均备有专用的香炉，或称琴炉，最主要的特点在于其形制小。一般而言，凡口径小于10厘米的香炉均可作琴炉之用。宋徽宗赵佶《听琴图》画面正中有苍松一枝，凌霄花盘绕其上，树旁另有几竿翠竹，环境极其优雅；树下一人操琴，二人分坐两旁，细心聆听，极为专注。画中主人左侧香几上放置的即为香炉（图1）。香炉呈圆筒形，由大到小，再由小到大，

图 1 宋徽宗赵佶《听琴图》
北京故宫博物院藏

图 2 宋刘松年《松荫鸣琴图》
美国克利夫兰艺术博物馆藏

中间束腰，足底呈喇叭状，造型精巧别致。画中描绘的香炉为白色，疑为享有“定州花瓷瓯，颜色天下白”美誉、胎薄而质密、温润如玉的定窑所产白瓷器。刘松年《松荫鸣琴图》描绘琴人设琴于松荫之下，独自抚琴，好友相伴，知音共赏。旁置香几，几上有仿古鼎式香炉，且炉烟仅一缕，并不喧宾夺主(图2)。此两幅画意皆为“知音共赏”，画琴人在松下悠然操琴，或画几竿翠竹，或画小丛灌木，相映成趣，一旁香炉中的袅袅青烟更为琴声增添情趣，都呈现出一派古典、高雅的意境。

宋代风行“文会”，这是文人之间酌酒、焚香、品茗以交流共勉的集会。一些仿古式小型香炉因造型精巧、便于携带，为文人外出游历或文会时所常用。传世的宋画，南宋画院画家马远所作的《西园雅集图》(又名《春游赋诗图》)(图3)，据学者研究，此画即是描绘苏东坡与友人燕集的场景。图中一位头戴东坡巾的持杖文士正要过桥，岸边平地上，一群人围绕着桌案观看一位

图 3 南宋马远《西园雅集图》(局部)
美国纳尔逊·艾金斯博物馆藏

文士挥毫创作，画卷后段则有数个文士在园林中游赏，卷末则是童仆备茶的场景。石桌上摆放一个香炉，似属鬲式炉。鬲式炉是南宋龙泉窑所产代表器形之一，造型虽仿古铜鬲，但亦有其自身特点，如肩部凸起棱线一周，与三足上的凸棱交汇，俗称“出筋”。南宋时期所产的鬲式炉釉质细腻，釉色如玉，有“琢瓷作鼎碧于水”的美誉。正因其色泽雅致低调、造型古朴，同文人士大夫所追求的“隐逸”精神相呼应，才使其备受喜好。四川遂宁金鱼村窖藏出土的龙泉窑青釉鬲式炉，高 12.6 厘米，样式仿古铜鬲，素朴得几乎省略掉一切装饰，仿佛唯一的巧思只是利用烧成过程中釉层积聚厚度的变化而在腹足间“出筋”。其实独特的釉色才是它的精魂，薄胎厚釉恰到好处的配合，洗练出娇滴滴、水灵灵的一泓梅子青，玉一般的品质才是它的难得之处。另一件龙泉窑青

图 4 南宋龙泉窑青釉鬲式炉
四川宋瓷博物馆藏

图 5 南宋马远《竹涧焚香图》
台北故宫博物院藏

釉鬲式炉，高 10 厘米，形制釉色韵致相仿，却是更为小巧（图 4）。

文人用香不仅是享用其香味，还在于其能正心养神、令人忘却烦恼。因此，他们对焚香环境也格外讲究，常选择幽静的树林、竹丛和整洁的书房等静谧的场景焚香，再择以造型简练的香炉，以衬托其个人的审美素养。马远的《竹涧焚香图》（图 5）虽是纨扇面上的小景，却是远山近水、硬石疏竹、竹和潺潺流水形成的幽静环境。画面描绘了一个人静坐于溪畔的巨石上，神气宁谧，旁置香炉，香烟袅袅。画面简约却意境深远，仿佛画中人内心里蕴藏的一切喜怒哀乐，已在天地之间趋于内心的气定神闲、波澜不惊。画中所绘香炉近似鱼耳炉，鱼耳炉是仿古式小型香炉之一，其造型仿自商周青铜礼器铜簋。铜簋本是材质厚重之物，鱼耳炉传承其线条简洁

图 6 南宋哥窑鱼耳炉

北京故宫博物院藏

图 7 南宋刘松年《秋窗读易图》（局部）

辽宁省博物馆藏

的风格，将材质改为瓷以后，呈现出优雅的气质。故宫博物院所藏的一件南宋哥窑鱼耳炉，即是此炉常见的形制（图 6）。造型仿古铜簋，“S”形轮廓线上敛下丰，勾勒出端庄饱满的体态。腹两侧对称置鱼形耳，下承以圈足。造型古朴典雅，通体施青灰色釉，釉面密布开片纹，使素净的釉面富于韵律美。

宋代文人的书房较小，从他们常用“小阁”“小室”来命名自己的书房便知。文人也常通过书房的布置摆设，来渲染自身的人文修养与品格。尽管在宋代，文案书桌较之前的席坐时代有所不同，变得长且宽敞许多，但案上所摆设物件也随之增多，故小型香炉最为合适。节省占地空间的同时，也能营造雅致的书房案头。南宋赵希

图 8 南宋佚名《女孝经图》（局部）
南京博物院藏

图 9 南宋龙泉窑青釉兽耳衔环鼎式炉
四川宋瓷博物馆藏

鹄在《洞天清禄集》中描绘："明窗净几，罗列布置，篆香居中。佳客玉立相映，时取古人妙迹，以观鸟篆蜗书，奇峰远水。摩挲钟鼎，亲见商周。端砚涌岩泉，焦桐鸣玉佩。不知人世所谓受用清福，孰有逾此者乎？是境也，阆苑瑶池，未必是过。"刘松年的《秋窗读易图》（图 7）描绘了一人靠窗而坐，窗前书桌上的摆放，除笔墨纸砚之外，旁置鼎式炉。和此画所绘香炉形制一样的，还有南宋佚名《女孝经图》（图 8），画中亦绘有鼎式炉。鼎式炉古朴典雅，为书房燃香常见之器。如四川遂宁金鱼村窖藏出土的龙泉窑青釉兽耳衔环鼎式炉（图 9），高 11 厘米，口径 11.1 厘米。施梅子青釉，制作精良，造型典雅，具有浓郁古韵，正所谓"琢瓷作鼎碧于水"。

图 10 南宋景德镇窑青白釉刻花莲荷纹鼎式炉
四川宋瓷博物馆藏

该窖藏共出 4 件景德镇窑瓷炉，均属仿古样式，造型优美，制作精良。景德镇窑青白釉刻花莲荷纹鼎式炉（图 10），高 17.4 厘米，口径 9.5 厘米。肩腹部饰刻花莲荷纹，刀锋犀利挺拔，纹饰深入器表。三足上端饰兽面，下端作象腿直立状。肩腹部莲荷纹时代气息浓厚，三足兽面则古意盎然，两种似乎不和谐的因素却完美地交融在一起。宋代以崇古、慕古为时尚，窑场瓷工们纷纷创烧仿古瓷器，仿鼎造型的瓷器自然成为当时最受欢迎的代表性产品。

受“红袖夜添香，相伴读文章”的文人风气所影响，香炉在宋代成为了文人读书时不可或缺的重要器具。《槐荫消夏图》（图 11）更是描绘了夏日的午后，在绿槐浓

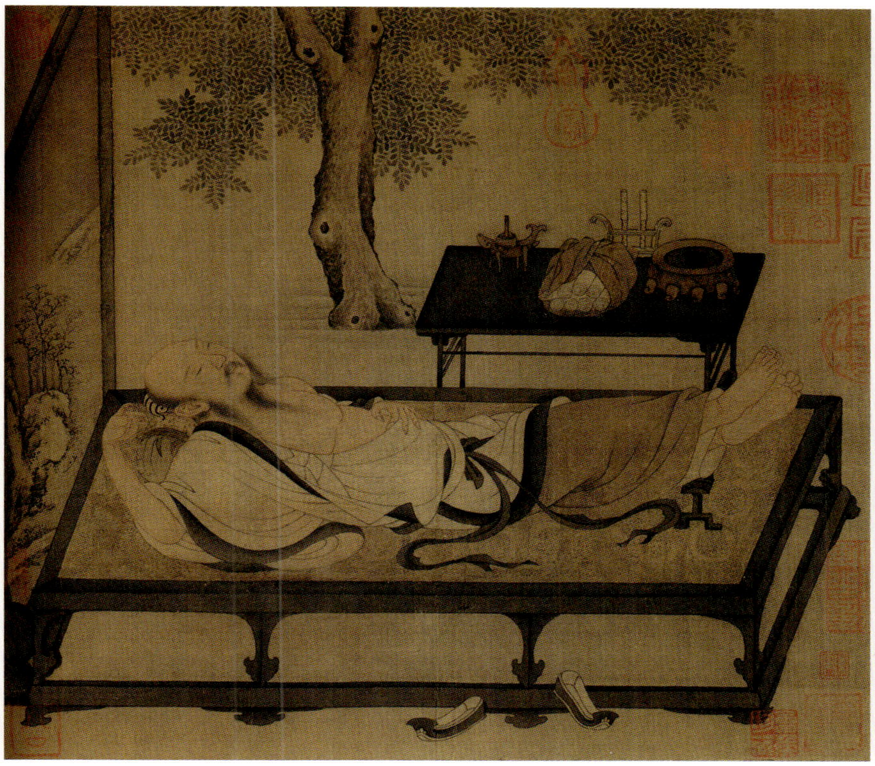

图 11 宋 佚名《槐荫消夏图》
北京故宫博物院藏

荫之下，一人袒胸赤足而卧，焚上一炷香，躺在手工编制的竹榻上，来一趟庄周的逍遥游。条案上罗列着多足香炉、烛台和书卷什物。

两宋文人燕居焚香，追求的是闲静气息和清致生活。不仅仅是风雅的点缀，更是一种真实的生活方式。而书房焚香，一是因为香料散发的香味可以祛除房间内的浊气，二是可以通过焚香在读书时提神醒脑，三是可以用于计算读书的时间。香炉已经完全渗透并内化到宋代文人的精神生活之中，作为一种实用器具，为生活增添了风雅与意趣。燕居焚香作为一种智慧的生活方式，成为雅俗共赏的佳事。

一席馔器，一色素髹，一种态度

——“闲来弄风雅：宋朝人慢生活镜像”展漆食具解读

湖南省博物馆研究员　聂菲

随意携盘馔，毋烦事礼文。
燕飞冲幕过，莺语隔墙闻。
兴自樽前发，韵从花下分。
诗成似供课，醉墨竞纷纭。

——〔宋〕赵汝鐩《醵饮刘园》

喝酒赏画、吟诗品茶……好一幅宋朝文人雅士闲散生活画卷，在南宋承务郎谭思通夫妇合葬墓中得到了呈现。该墓出土了整套素雅清髹的漆食器，成为了湖南省博物馆“宋朝人慢生活镜像”展中的亮点，并让世人再一次品味到宋朝人追求清新高雅的思想情趣和享受慢节奏的生活态度。

一席馔器

1972年发掘于上海宝山月浦的谭思通夫妇合葬墓，为一座双穴石板砖室墓。据墓志记载，宋承务郎谭思通生于绍兴三十年(1160)，卒于端平元年(1234)，而其夫人早十年(嘉定十七年,1224)去世，于宝庆二年(1226)先入葬。谭思通去世后，于“九月十三日未时以礼合葬”。在谭思通夫人邹氏墓室中发现随葬各种金银器、漆器70余件，其中素髹漆器10件：计带小圈足的酒盏、圆盘各2件，漆钵1件，用于盛放酒、菜；同类小碟4件，可用盛放下酒凉菜。其造型简洁，胎体轻薄，素髹黑漆，漆质醇厚，器面锃亮，虽无纹饰，但细节考究。盏体圆润，圈足饼状，腹呈弧形，有一种韵律感（图1）。圆盘敞口，弧腹，圈足，虽无纹饰却有雅韵（图2）。小碟盘口微敞，内略呈弧形，平底，简约中透着精致（图3）。此外，还有1件点心圆盒，外表质朴，内蕴巧思，盒内有S形隔断将器内格局一分为二，一格髹黑漆，一格髹褐红漆，为盛放各类酒食点心的器具，既具有实用性，又平添韵律美感（图4）。

承务郎谭思通为宋文官七品阶，属于殷实之家，使用一席馔器大盘、小碟、酒盏、汤碗、点心盒，形制相似，漆色相同，一应齐全，宜酒宜菜，应为墓主人生前喜爱的馔器（图5）[①]。

在江南地区的考古发现中，宋代漆食器十分丰富。此次还展出了江苏常州丽华新村出土花瓣式漆食盘，敞

图1　南宋黑漆盏
1972年上海宝山月浦南塘宋谭思通夫人邹氏墓出土

图2　南宋黑漆盘
1972年上海宝山月浦南塘宋谭思通夫人邹氏墓出土

图 3 南宋黑漆小碟

1972 年上海宝山月浦南塘宋谭思通夫人邹氏墓出土

图 4 南宋黑漆圆盒

1972 年上海宝山月浦南塘宋谭思通夫人邹氏墓出土

图 5 南宋素髹黑漆食器

1972 年上海宝山月浦南塘宋谭思通夫人邹氏墓出土

图 6 南宋花瓣形漆盘
1983 年江苏常州宋墓出土

口，盘壁为二十八瓣花形，平底，造型寓实用性与欣赏性于一体。内髹黑漆，外髹朱色漆，漆层较厚，光润匀和。盘内底朱书“湖州西王上三”六字（图 6）[2]。

一色素髹

此次展出的漆器之最大特点是均为素髹漆器，风格质朴无华。用漆漆物谓之“髹”，素髹即所谓单色髹涂，《髹饰录》称之为“质色”“单素”。这种漆器又称“无文漆器”，即光素无纹之意，仅以色漆为饰，强调漆器表里漆色之美，而无纹饰之缀。素髹漆器是漆器中最为简约，也是承袭时间最久的类别。

中国是世界上最早发现天然漆并利用其髹涂器具的国家，距今已有七八千年历史，浙江余姚河姆渡新石器遗址出土朱漆碗是我国目前发现年代最久远的一色素髹漆器（图 7）。在以后每个朝代均有素髹漆器的出现，而宋代是素髹漆器集大成者，品类有碗、钵、盘、碟、盒、奁等生活日用品，也有雅致风物古琴等（图 8），出土数量大盛于前，在历代素髹漆器中堪为典范。

素髹有一色、异色之分。宋代一色素髹漆器有黑、朱、紫、绿和金漆等色。异色素髹，有表里异同，或表里同色、圈足异色之分，此外，还有漆层异色。其中朱、黑二色沿用时间最长，也是最主流之色，二色可单独使

图 7 新石器时代朱漆碗
1974 年浙江余姚河姆渡遗址出土

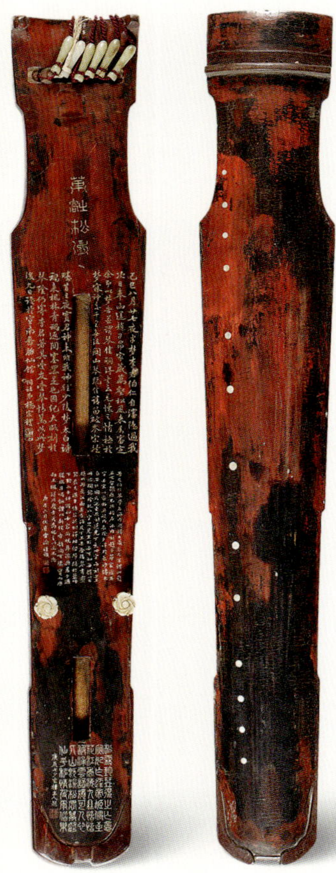

图 8 宋“万壑松风”琴
湖南省博物馆藏

用，也可同髹于一器。《髹饰录》云：“黑髹，一名乌漆，一名玄漆，即黑漆也。正黑光泽为佳。”宋代讲求材料质地美，黑色素髹以其沉着、古朴特质迎合了士大夫阶层心理需求。

朱漆一般加入银朱、丹砂，漆器历来尚朱，经籍中有不少记载。朱髹漆器给人以强烈视觉冲击，渲染出喜庆气氛，广受人们欢迎。宋代漆器尚朱，红色漆器品格甚高。据《宋史·舆服志·后妃车舆》载，国家祭祀、宫廷日用多朱髹。故禁朱漆法令不断。较集中是在景祐三年（1036），“非宫室、寺观毋得彩绘栋宇及朱黝漆梁柱窗牖、雕镂柱础。凡器用毋得表里朱漆、金漆，下毋得衬朱”，“豪贵之族所乘坐车，毋得用朱漆及五彩装绘”（《宋史·舆服志五·士庶人服》）。朱漆受到如此严格的限制，所以出土异色素髹漆器中通体髹朱者甚少，当与此法令限制有关。

宋代素髹漆器还有一个特点，喜在器外壁或器底以朱漆写铭文，说明漆器制作地点。如此次展出的江苏常州出土花瓣式漆食盘，盘内底朱书“湖州西王上三”六字，此外，江阴滨江开发区宋墓出土漆奁，则朱漆“湖州蔡上三口”铭文。湖州是一座具有二千多年历史的江南古城，南宋时期湖州是都城临安辅京，因临近都城，大批官宦、巨商、富户来此定居。宋代商品经济繁荣，官营和民营漆器作坊并存，民用漆器手工业普及，涌现了不少漆器制造行，从事漆器买卖交易。据《东京梦华录》载宋开封有漆行和漆店，《梦粱录》也记述当时临安漆铺林立，城内大街及诸坊巷“连门俱是”，“湖州西王上三”“湖州蔡上三口”铭文漆器的出土就是一个例证（图9）。

宋代制胎工艺进步，圈叠法大盛，素髹漆器几乎都为圈叠胎制作而成，由此还引发了多曲造型素髹漆器艺术的变革。所谓“圈叠法”是将“木片裁成条，水浴加温，弯曲成圈，烘干定形后，一圈圈累叠，胶粘成形，经打磨后，再上灰髹漆”，经多次刮灰和髹涂底漆打磨后，即制成一件薄、轻的漆器胎型。这种做法的优点是将各圈接口错开，从而分散木材的张力，器物则不易变形。然而，“圈叠胎工艺”的最初发现即与南宋谭思通夫妇合葬墓这批素髹漆器有关联，其出土时有残损，当年吴福宝先生带领上海博物馆修复团队就是因为修理这批实物，发现了漆器制作中的“圈叠胎工艺”，复原了工艺流程，对文物界影响很大（图10）。据上海博物馆X光扫描检测结果，谭思通夫妇合葬墓漆钵，圈叠胎，制胎时各部位所用薄木条的宽窄、厚薄有所不同，口沿直壁处是一个较长卷木胎，腹壁厚1.5毫米。木胎上再贴裱疏松的织物，与漆灰混为一体。底木胎厚3.9毫米，为同向木纹的木板拼合[③]。如此，既可表现多变美观的造型，胎体又不会太重。圈叠胎适宜于起棱分瓣、曲折度较大的器物，长而薄的木条圈叠易于成型，这在漆工艺上是一种很大进步和革新。

南宋谭思通夫妇合葬墓有明确纪年，所出整套漆食器，胎质轻薄，清雅素髹，造型简洁，漆色光亮，精致内敛，气息古朴，是反映这个时期一色素髹漆器水平的标准器。

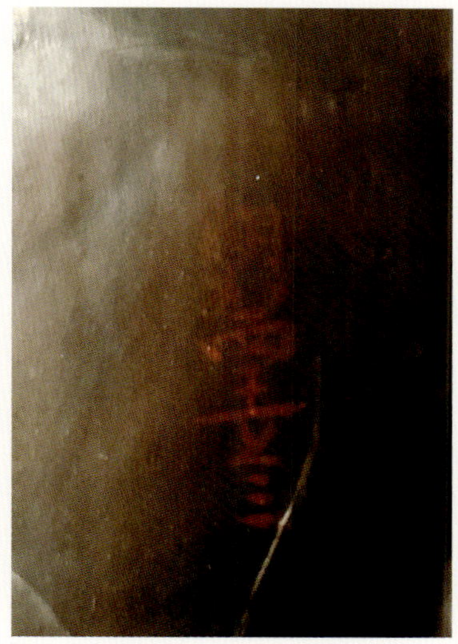

图9 南宋花瓣形漆盘“湖州西王上三”铭文
1983年江苏常州宋墓出土

图10 圈叠胎模拟图
上海博物馆吴福宝研究制作

图 11 南宋花瓣形漆盘正视图
1983 年江苏常州宋墓出土

图 12 宋代九瓣式漆碟
2008 年浙江温州百里坊宋墓出土

一种态度

“器以载道”是中国古代制作器物所遵循的造物思想，随着宋代“格物致知”的理念渐渐渗入美学思想中，这种精神在工艺上就表现为托物言志、移情于物。纵观宋代手工艺品，无论冰肌玉骨的单色瓷、淡雅质朴的纺织品、朴实无华的素髹漆器，还是简洁隽永的家具，往往造型简朴、不修繁饰，但宋代却赋予了它们极高的工艺美学思想和审美价值。宋代是文人士大夫观念形成的时代，文人审美取向成为整个时代审美思潮的主流，其质朴典雅风尚从本质上说是文人“观念的产物”，对漆器乃至工艺美术审美产生影响的因素，都是在士大夫集团倡导下完成的。宋代也是审美转型时代，即由唐代相对奔放热情、色调热烈的审美转向相对静心平淡、色彩典雅，强调使用功能的理性美，素髹漆器是这时期艺术风格典型代表。

宋代素髹漆器最大特点是“素”字，不仅代表着素雅与简单，也代表着“少就是多”的用色理念，其温润内涵的特质与宋代文人温文儒雅的品性相得益彰，文人更容易选择素髹漆器作为自己文化日常用具，用以调息养气、静心明志。以谭思通夫妇合葬墓出土整套漆食器

图 13 南宋莲瓣形漆托盏
1991 年江苏江阴宋墓出土

图 14 南宋剔犀菱花形奁
1986 年福建福州宋墓出土

为例，其不施任何繁饰，不求过分华丽，表明器物本身材质纹理，执意以素髹形态示人，这是一种与宋代整体工艺美术“雅”的风格相契合的艺术表现手法，体现了宋人理性、内敛和不张扬的人生态度。

宋代素髹漆器在造型上进入到了一个“求变”新阶段。“变”不仅体现了各种品类的多样，更呈现于器形曲线的丰富。宋以前历代漆器未出土过起棱分瓣器物，它的兴起，一方面取决于易于表现多曲造型的圈叠制胎工艺的成熟，另一方面社会审美取向的影响力也不可忽视。宋朝以降，文人画中花卉题材明显增多，对“花中四君子”的描绘与赞美成为同类器物造型趋同的间接原因，金银器、陶瓷器的花口、花足、花身造型相伴而来，不胜枚举；而金银器锤揲技法的产生又为其他器物多曲造型起到示范作用，其他材质器物争先仿效贵金属成为造型趋同的直接原因。如江苏常州出土圈叠胎花瓣式漆食盘，盘壁为二十八瓣花形，器身随花口分瓣起伏，花瓣曲度优美流畅（图 11），堪称上品。对花瓣形态的钟爱，不光是素髹漆器，在宋代雕漆和戗金漆器中也有出现（图 12—图 18），可见宋人“求变”创新、追求美好生活的积极态度。

图 15 南宋戗金莲瓣形朱漆奁
1978 年江苏武进 5 号宋墓出土

图 16 南宋戗金莲瓣形朱漆奁盖面“仕女消夏图”
1978 年江苏武进 5 号宋墓出土

宋代制漆工艺非常精细，如对生漆质量要求近于苛刻，据南宋诗人赵蕃《验漆》一诗记载，当时检验生漆方法繁复：“好漆清如镜，悬丝似钓钩。撼动虎斑色，打着有浮沤。”用灰工艺上，宋代多数漆器有较厚漆地仗，灰底含漆量很高，非常坚固。在古琴制作过程中常用高档骨灰和鹿角灰。宋人制作乐器时已能用透明漆调制出纯度、硬度都适中的纯朱色漆。《琴书》中“琴宛要录”载：退光出光法尤为精致繁缛。素髹漆器看似简单，实则技术繁难，制造复杂，耗时很长，可谓良工意匠、慢工出细活。然虽精工细作，绝不炫耀技巧，于平淡中见奇迹，表明宋人在“慢”生活中体验生命价值、寻找情趣的乐观态度。

所谓“行于简易闲澹之中，而有深远无穷之味”（范温《潜溪诗眼》），所谓 “古淡有真味”（欧阳修《再

图 17 南宋戗金莲瓣形朱漆奁局部
1978 年江苏武进 5 号宋墓出土

图 18 南宋戗金莲瓣形朱漆奁口沿镶包银扣
1978 年江苏武进 5 号宋墓出土

和圣俞见答》），所谓“随意携盘馔，毋烦事礼文……兴自樽前发，韵从花下分”（赵汝鐩《醵饮刘园》），对于意境与韵味的追求，导致宋代艺术风格趋于平远幽淡，素髹漆器备受这种文化思想和社会思潮的影响。究其因：宋朝各个统治者都实行“重文轻武”基本国策，形成了崇文风气和儒学复兴的时代背景，成就了浓郁的人文文化氛围与深刻的理性思辨精神，铸就了宋文化最根本的性格。这时期融合儒、释、道三教，形成一个以“理”为本体的新儒学体系，理学对于“器”的定位，约束了“奇技淫巧”的产生，其清新雅致、温润简朴的艺术风格影响了素髹漆器的整体审美特点。又时逢文化教育普及，士人阶层兴起，他们的审美倾向和社会意识都影响到了工艺美术造物审美思想的转变，推动了社会审美情趣的普遍高雅化和崇尚简朴化。在文人清新雅致

图 19“宋朝人慢生活镜像”展场景照

的审美思想影响下，素髹漆器形成了独具时代气息的历史特征，体现了它最大实用价值来服务于人们日常生活。无论是谭思通夫妇合葬墓出土素髹漆食具，还是江苏常州出土花瓣式漆食器，都是宋代素髹漆器中较为常见器形，与人们日常饮食起居息息相关，造型简洁雅致，契合了追求清隽典雅的时代风格（图19）。

总之，各种因素相互作用、相互影响，沉淀出宋代素髹漆器的美，这种美宛如平实质朴的傲梅，守望着那个时代的宁静与典雅，更让人们领略到宋人对美好生活的追求和慢生活的态度。

注释

① 上海博物馆编著，何继英主编：《上海唐宋元墓》，科学出版社，2014年；南宋承务郎谭思通夫人邹氏墓出土漆器10余件，现存于上海博物馆。

② 1983年江苏常州丽华新村出土南宋花瓣式漆食盘，现藏常州博物馆。

③ 上海博物馆编：《千文万华·中国历代漆器艺术》，上海书画出版社，2018年。

从“逐迹”到“玩古”的时代风尚

——宋人博古清赏“三代铜器意象”分类解析

湖南省博物馆研究员　舒丽丽

有宋一代，文人士大夫阶层崛起，不但是王朝政治的中坚力量，而且成为市民生活的标杆。由文人士大夫发起的“逐迹”，到遍及为普通民众的“玩古”生活，见证了赵宋社会的剧变，也意味着伴随政治经济的变迁，人们心理意识的进一步内倾化，越发追求独善其身的精神境界。以仿三代铜器及仿铜器制作而成的其他材质如瓷器等器物为例，可管窥这一时代风尚的变迁。

青铜时代伴随着三代而逝，“古铜器到宋代，不只是无意间出现而已，且被有意寻访、珍藏、研究、记录和出版，宋人谓之‘考古’‘博古’或‘金石学’，亦即是英国学者罗森夫人所谓的‘Antiquarian’。或被以铜质仿造其形制、纹饰或铭文；或进而以当代时尚的质材如陶瓷、金、银、玉来仿造，使‘三代铜器意象’这种在时代潮流中再生，成为宋及以后器物发展史的鲜明现象”[①]。宋“三代铜器意象”主要有三类：第一类为稽古礼乐器，注重强调“稽古”，以古为原型，新制具有礼仪功能的仿古铜器，从器用层面实现统治阶级进行礼制建设与改革的政治诉求，最终希望达成的目的是建立与维护国家秩序。第二类为清赏玩古之器，最大的赞助者是从维护王权统治的施政者身份剥离出来的文人士大夫，他们大多是饱学儒雅之士，崇敬三代，推崇儒学，并以身体力行的“逐迹”寄托志向，还有一部分科场失意之辈亦为“浇胸中之块垒”，闲居清赏，玩古以抒发情志，成就宋人新的艺术审美和价值取向。第三类为异质仿古新作，在于伴随着市场经济的发展，手工制造业活力激发，以陶瓷为新材质依托，异工互效、异质互效，传承古意，生产出更多以古铜器为原型的仿古瓷器等新器类，给予复古运动更广阔的前景。以下拟对此三类进行梳理与解读。

稽古礼乐器

宋仿三代铜器的稽古[②]之作，在徽宗朝数量最多，据不完全统计存世者超过100件，在南宋高宗朝略有延续。当时仿造礼器是以“稽古”为前提，即切合古意为基本要求，而且在儒学兴起的推动下，达到证经补史之目的。

宋徽宗将稽古的要义发挥得淋漓尽致，他要求制定的新乐礼器和众多祭祀用青铜器充分展现了这一特点。河北博物院藏牛鼎（图1），铭文曰：“隹甲午八月丙寅，帝若稽古，肇作宋器，审阙象作牛鼎，格于太室，从用享，

图1-1 宋徽宗铸造仿古牛鼎（用于祭祀太庙）
河北博物院藏

图 1-2 宋徽宗铸造仿古牛鼎铭文拓片

图 2 吕大临《考古图》所载春秋时期晋姜鼎

万宁神休，隹帝时宝，万世其永赖。”此牛鼎与春秋时期晋姜鼎（图 2）的形制、纹饰布局基本相同，应是师法制作而成。再有北京故宫博物院所藏宋徽宗宣和山尊，与之相似的是浙江杭州环城西路出土的仿商周兽面纹铜尊（图 3），推测为宋室南迁携带至杭州，或南宋时仿“新成之礼”所造之器。与后者同出一对爵，形制遵循古制，均具有明显的宋代宫廷仿先秦青铜器风格特点。这类宋仿三代青铜礼器主要是帝王用于祭祀太一、上天、方泽及圜丘、太庙、明堂等，如政和盨用以祭祀太一神，也有政和鼎、簋、尊用以祭祀祖先。

徽宗还赏赐权臣礼器用于家庙祭祀，如现藏国家博物馆的铏鼎（图 4）。铭文为“隹政和六年十有一月甲午，帝命作铏鼎，锡领枢密院事贯，以祀其先，子子孙孙永保之”，清晰地记载了此器的作器时间、作器者、所作

图 3 宋仿商周兽面纹铜尊
浙江省博物馆藏

图 4-1 宋徽宗赏赐童贯铏鼎（用作家庙祭祀）
中国国家博物馆藏

之器及功用，祝辞、铭文体例格式承袭商周青铜礼器，书体亦具古意，只是表现上缺乏商周金文的整体意象，可能宋代铜器铸造工艺对此也产生了一定削减影响。

徽宗朝“隆礼作乐”，除大量仿制青铜礼器之外，还设立大晟府，大力推崇、制作新乐，铸造铜编钟。铭“大晟”钟者现存世多件，北京故宫博物院、台北故宫博物院、河南博物院、辽宁省博物馆、上海博物馆、陕西历

图 4-2 政和六年铜铏鼎铭文拓片

背 面　　正 面

图 5 北宋大晟黄钟清铜钟
北京故宫博物院藏

史博物馆等多有收藏（图5），湖南省博物馆亦藏有一件，其上有“大晟”“黄钟清”铭文。大晟钟参考器物的原型，可与春秋宋公成之钟相联系，后者在宋赵九成《续考古图》中已有辑录（图6）。遗憾的是，未能找到春秋宋公成钟的原物，可以相比较的是类似的镈钟存量亦多，如北京故宫博物院所藏春秋能原镈（图7），两者形制相似，只是大钟才称之为镈，体量比之大了近半。

“稽古礼乐器”不胜枚举，但具有共同的特点。此类器物相较于其他类别，古意更为浓郁，尤其体现在作器者身份地位、形制、铭文体例、功用等方面的“循古之意”，比如作器者身份地位超然，而非普通民众，以徽宗的帝王身份为代表可窥一斑，虽然可能也存在一些小众的普通富裕之家铸造铜器用作家族内部祭祀，但结合当时社会对铜料的管制，应该是相对较少的。至于器物形制、铭文体例方面，赵宋一朝儒学大兴，崛起的文人士大夫阶层饱读诗书、满腹经纶，而且大量描述礼仪、辑录古器图谱著作的出现，为循古之制提供了翔实参考，即便存在一些今人看起来不合三代规制的，也可能是受

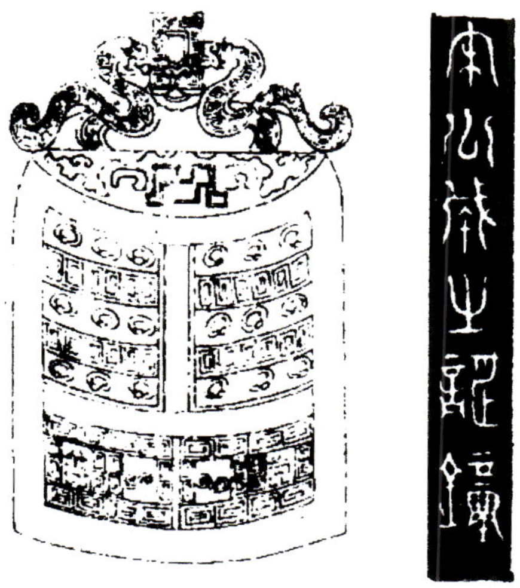

图 6 春秋宋公成钟

图 7-1 春秋能原镈

北京故宫博物院藏

图 7-2 春秋能原镈拓片

图 8 宋 佚名《西园雅集图》(局部)
台湾私人藏

限于当时人们对三代之物的整体认识水平。功用方面，集中在礼器祭祀，虽然“礼制下移”，进一步扩展到一姓之臣、富裕的布衣之民的家庙宗祠、官学书院等的祭祀，以及佛教、道教信仰供奉的载道之器，但综合而言，仍然强调的是用作神圣仪式性的器物，而非一般之世俗生活用器。这与三代青铜器祭祀功能一脉相承。

清赏玩古之器

这一类仿古之作较之三代之器，走得更远。它没有如第一类“稽古礼乐器”那么严格地以“循古之意”为前提，虽徽宗言“循古之意而勿泥于古”，复古出发点的前提是“稽古”“循古”，之后才有“勿泥于古，适今之宜而勿牵于今……”③，倘若将“勿泥于古”的创新旨趣放在首位理解，应是不符合统治阶级复兴三代之古的初衷。然而，与此同时“上”行下效，既有皇帝的大力支持赞助，又有当时引领时尚潮流之文人士大夫的“逐迹”追捧，如宋画以雅集为题材的画作中，常见名士汇集，评鉴古物成为与题诗作画、弹琴奏乐等雅好相提并论的行为，共同见证复古在这一群体中已蔚然成风。

例如一幅台湾私人所藏宋画《西园雅集图》（图8），画作开篇场景即苏轼（子瞻）执笔作画，其余人等围观，旁立一男二侍女，并经由其中一侍女的视线引导出另外一个场景，即一年长男仆双手捧着一件蕉叶纹铜觚走向满置鼎、壶、斝、豆、甗等物什的石桌，侍女的眼神似乎紧盯桌面。年长男仆呈手捧铜觚的姿势——左手托器底，右手握器肩，小心翼翼。交由年长稳重的男仆侍弄古器，也间接表达出主人的重视。然而，一个有趣的事实是，石桌上的古铜器从形制和纹饰图案来看，夸张繁密，其铺首、兽耳、蕉叶纹、云纹、兽面纹等明显具有更晚甚至到宋当代的风格特点。结合画作雅集人物均为名流之士，评鉴古器的初衷多为“逐迹”三代器物之趣，文献印证了这一点——宋蔡绦《铁围山丛谈》指出“时所重者，三代之器而已。若秦汉间，非殊特，盖亦不收”，还有《籀史》《政和五礼新仪》等也强调“酷好三代”“追三代之风”，可见当时尤重三代之器。画中所绘陈设却多是三代之后才有的装饰性纹案，不乏仿古新作，猜想应是雅集主人始料未及的。

雅集“逐迹”鉴古，进一步将“稽古”“循古”旨趣传播开来，为稽古礼乐器变通之后的世俗功用走向，创造了条件，也促使原本在上层社会流行的复古仿古之风，吹拂到更广阔的中产阶级，并逐步派生出新的实用型审美趣味。于是，第二类闲居清赏之器便大批量地涌现，而且兴起的时间要相对晚于稽古礼乐器的大盛于世。这类器物以实用性为主，源自文人士大夫对古器的喜好，却成为宋代文化人，尤其是自比于“尘外之客”的仕宦边缘人，追求自我或是“不得志”的精神寄托，一定程度上这也恰是这部分人附庸的风雅所在。他们多具有一定财力，喜于明窗净几中，收藏、罗列古物，摩娑钟鼎，清修闲居，因处江湖之远，较少将个人喜好与重建社会秩序的政治目的联系起来，因此在复古仿古一事中更为放得开，也更容易成为仿古之作的世俗受用者和赞助者。早前复古所强调的“圣人制器尚象，载道垂戒，寓不传之妙于器用之间，以遗后人，使宏识之士，即器以求象，即象以求意，心悟目击命物之旨，晓礼乐法而不说之秘，朝夕鉴观，罔有逸德，此唐虞画衣冠以为纪，而使民不犯于有司，岂徒眩美资玩，为悦目之具哉”④，“非敢以器为玩也。观其器，诵其言，形容彷佛，以追三代之遗风，如见其人矣。以意逆志，或探其制作之源，以补经传之阙亡，正诸儒之谬误。天下后世之君子有意于古者，亦将有考焉”⑤，至此完全转变成了以张世南、赵希鹄等为代表的、史载不见有功于社稷的“仕宦边缘人”的玩好。今人考察他们的好古心路，可从其存世的著作中窥见。南宋理宗时人赵希鹄著有《洞天清录》一书，被认为是现存较早专门论述古器物（古玩）鉴定的书籍之一。赵氏自谓人生苦短，闲居自找乐地之“清录”，以贻“清修好古尘外客”。他还认为：“人生一世，如白驹过隙，而风雨忧愁，辄居三分之二，其间得闲者，才三分之一耳。”因此，重视闲居生活的品位，强调“摩娑钟鼎，亲见商周”，明窗净几，罗列古物，将在声色之外，为闲居所受用；清修好古，尘外之客自有乐地。

图 9 佚名《玄沙接物利生图》
日本京都国立博物馆藏

图 10 南宋《秋窗读易图》
辽宁省博物馆藏

[6]这一态度正代表了众多宋代读书人，尤其是未曾出仕之辈的真切想法——爱好就仅仅是爱好，他们很难，也没有机会将爱好与政治抱负联系起来。

清赏玩古之器，重点在于“玩”，而不是将之视为高高在上的祭祀礼器，打破其神圣性，而更为突出生活用具功能。因此在仿制的时候，虽然器物的原型或元素来自于三代古器，但考虑到实用性，必然会做一些设计方面的调整。即便用的是古器，为符合新的功能需求，也会尝试附加一些内容以利用，从而“用古不泥古”，这也算更广泛意义上的仿古了。宋沈括《补笔谈》说“古铜香炉，多镂其底，先实火于炉中，乃以灰覆其上，火盛则难灭而持久；又防炉热灼席，则为盘荐水，以渐其趾，且以承灺之坠。其他古器，率有曲意，而形制文画，大概多同”，非常直观地描绘了古器今用的玩古技巧。宋人物画中，常可见鼎式香炉，如日本京都博物馆藏《玄沙接物利生图》（图 9）、辽宁省博物馆藏《秋窗读易图》（图 10）等，还有著名的宋徽宗《听琴图》（图 11），画面正前方绘有湖石，上置一形如铜鼎的花器，虽不能确定是否为古器，但古意盎然，用鼎插花或栽花或作香器，均传达出“玩古”的旨趣。

图 11 传宋徽宗《听琴图》
北京故宫博物院藏

异质仿古新作

这一类与上述两类相比，是不完全属于同一个分类标准下析出的。前述两类是按照仿古性质和功用进行划分，还兼顾了作器者或是出资者、使用者的身份，而第三类主要聚焦在制作者或生产者，且他们并不是最大的，甚至完全不是使用群体，仿古新作之器的功用在他们身上不体现。尤其重要的是，这类仿古新作不以铜为原材料，而是采用完全不同的材质，比如玉石、陶瓷等。李零先生指出："宋代器作的仿古，主要是以铜器为轴心，这是一种波及很广的时代风尚。宋代以来，不但铜器仿古，玉器、瓷器和陶器也仿，……仿铜陶器，也是以铜器为原型。其他材质的器物，无论怎么相互借鉴，相互模仿，还是以铜器为原型。"⑦

四川、福建、江西、浙江等地出土很多仿古铜器的瓷器作品，比如四川什邡市宋代窖藏出土龙泉窑豆青釉盘口弦纹瓷瓶。三代青铜器没有瓶之说，该瓶应是仿先秦青铜壶而来，所饰凸弦纹是先秦青铜器上比较常见的纹饰，胎色灰白，施青色厚釉，温润如玉，简洁大气，用作花器，恰合宋代文人士大夫复古的追求及其崇尚清雅的艺术品位。说其是花器，在同处四川的，遂宁窖藏出土的南宋青白釉印花双凤纹瓷碗（图 12）上的纹样给予了印证。

仿古铜器的瓷器的大量出现，究其原因直接在于陶瓷业的发达，为迎合市场需求，生产出更多富有三代意象的瓷器产品，也表明当时手工业生产的高度活跃，积极迎合市场需求，并将手工业传统的"异工互效"同步

图 12 四川遂宁窖藏出土南宋青白釉印花双凤纹瓷碗

碗中的纹样印证了此类瓶可用作插花之器

为“异质互效”，这在之前时代未曾表现出如此强烈的传承与创新意识。仅此便可窥宋代社会的开放与发达。与此同时，这一类型发展到顶峰，应该时代更晚，因为“靖康之难”中，金在掠走徽、钦二帝及庞大皇室成员的同时，对铜器的掠夺，也会一定程度挤压之后成立的南宋王朝的铜器生产能力，进而影响到消费能力。相较而言，陶瓷原材料的获得更容易，生产更便捷，且技术已经非常发达，市场需求引导生产，生产决定消费，参照铜器原型，打上具有三代意象的符号，甚至降低所仿造器物的时代要求，将之扩展到汉代器物以及其他质材的器物，成为文人士大夫阶层复古、好古、玩古的新趋势，并进一步影响到更广大层面，融入现实生活，引领宋人新的生活方式。这也间接体现出北宋晚期与南宋复古潮流的渐变。

总之，在宋代复古运动兴起的基调下，从倡导稽古作器，到闲居清赏，再到玩古悦新，从神圣到世俗，从礼仪用器到生活器用，从政治诉求到个人审美，既有时代变迁所带来的影响，又彰显出社会变革、观念变化、市民崛起的诸多内容。“器以载道”，以“古”为镜，管窥宋代历史和宋人生活亟待进一步研究。

注释

① 陈芳妹：《青铜器与宋代文化史》，台湾大学出版中心，2016年，“导言”第5—6页。

② “稽古”意指循着古（这里特指三代）物制作新的礼乐器，以延续古代圣人所制定的制度规仪及他们的精神。

③ 〔宋〕郑居中：《政和五礼新仪》。

④ 〔宋〕翟耆年：《籀史》。

⑤ 〔宋〕吕大临等著，顾宏义主编：《考古图》（外五种），上海书店出版社，2016年，第2页。

⑥ 陈芳妹：《青铜器与宋代文化史》，台湾大学出版中心，2016年，第121—124页。

⑦ 李零：《铄古铸今——考古发现和复古艺术》，三联书店，2007年，第88—89页。

淡妆浓抹总相宜

—— 从“闲来弄风雅：宋朝人慢生活镜像”展出发略谈宋瓷之美

湖南省博物馆　郭三娟

在商品经济快速发展的强烈刺激下，宋代瓷器生产进入飞速发展阶段，窑场数量猛增，分布范围扩大，形成了多种不同的制瓷系统，各类新兴制瓷技术层出不穷，为提升市场竞争力，迎合社会审美，各系统各窑场自主创新，博采众长，相互学习、相互渗透，形成了丰富多彩的制瓷格局，宋代无疑成为中国古代陶瓷器生产的一个黄金高峰。总体而言，宋代瓷器大体沿着“雅”与“俗”两个方向发展，雅器代表着文人阶层的清朗士风，俗器反映了市井庶民的生活逸趣。本文从雅与俗两个方向，结合湖南省博物馆“闲来弄风雅：宋朝人慢生活镜像”展览中的雅致之器，以及本次展览未涉猎的通俗之器，略谈笔者所理解的宋瓷之雅韵与博美。

淡妆之雅器

所谓“雅器”，主要为宋代文人阶层所推崇的一种具有简约内敛、清隽典雅气质的瓷器，汝窑、定窑、耀州窑、景德镇窑、越窑、龙泉窑、南宋官窑等窑口的主流单色釉瓷器就是“雅器”的典型代表。这些窑口的主流产品通常胎釉质量上乘，擅推釉色，尤尚青、白与青白等纯色釉，胎体装饰也比较丰富，囊括刻花、划花、印花、镂空等多种技法。单色釉覆盖下的胎体装饰，低调沉稳、含蓄内敛，与宋代文人悦情悦意的审美追求相吻合。

烧香、点茶、挂画、插花是最能代表宋人文化品格的“四般闲事”，“闲来弄风雅：宋朝人慢生活镜像”展览选取了晴窗抚琴、信手作书、兴起作画、品茶论道、把酒临风、折枝插花、燕居焚香、玩古清赏九大场景，以期更全面展示宋代文人精致的生活片段，感悟其生活态度。在这些片段里，瓷器均有重要的点睛作用。本次展览中选取的瓷器均为单色釉，整体造型简约优美，色调清新淡雅。下文以展览个别场景中的瓷器为例，略谈宋代以淡妆入世的雅致之器。

“品茶论道”部分耀州窑青釉牡丹纹盒，出土于陕西蓝田吕氏家族墓M5，器表刻大瓣牡丹花叶纹，辅以篦纹划出细部筋脉纹络，外部整体造型简约大方，内部则隐藏双重器盖，或有增强封闭性之效用，藏于外盖之内，实用又不失美感，也是宋代士大夫阶层重细节重美观的生活态度的反映。该部分中的衡州窑青釉执壶，为点茶时装水注水之用。在名窑林立的宋代，作为湖南地方性青瓷窑口代表的衡州窑，在瓷器生产格局中并不具优势，因湖南地区胎土本身质量上的先天弱势，很多迎合时代素雅审美的瓷器生产，均需窑工费尽心思地模仿和改造才能完成。衡州窑以生产青釉瓷器见长，素面、刻画、印花、浮雕等装饰最为普遍，产品中执壶、碗盏、梅瓶等茶酒器所占比例较大，也表明宋代茶酒文化普及的广度。客观来讲，衡州窑产品整体质量处于中游水平，但也不乏精品，部分产品胎质精细，釉色莹润，有些器表釉面满布细碎开片，繁而不乱，更添美感，这也反映了一些地方性窑口为迎合社会审美风潮而做出的努力。

“把酒临风”部分所选瓷质酒具，包括繁昌窑和景德镇窑的青白瓷、定窑白瓷、龙泉窑青瓷等，这些都是雅致宋瓷的典型代表。安徽宿松县出土的北宋元祐二年

（1087）吴正臣夫妇墓中随葬的繁昌窑青白釉梅瓶和折肩钵，质量上虽与景德镇精品青白瓷仍有一定差距，但梅瓶丰满圆浑，折肩钵线条流畅，风格素雅，也是宋代文人审美品位的代表。墓主吴氏生前曾为“管库之吏”，为其撰志者、篆额以及书写墓志之人均为宋代进士，由此亦可知墓主属于乡居之豪绅[①]。吴氏夫妇墓出土的所有瓷器均为单色釉瓷，数量多达70余件，多为茶酒具、香具，分别来自景德镇窑、繁昌窑、耀州窑、龙泉窑等诸多窑口，其中不乏精品[②]，除了显示墓主人家资殷实外，也反映了其时对茶、酒、香的喜好已经渗透到了中下层文人士大夫乃至普通百姓的市井生活中。龙泉窑青釉带盖梅瓶也是精巧瓷器的代表，2014年出土于浙江庆元县松源镇会溪村嘉泰三年（1203）胡纮墓，梅瓶造型浑圆小巧，粉青釉色柔和如玉，釉层肥厚凝润，是南宋中期龙泉窑最具特色产品。胡纮历任工部、礼部、吏部侍郎等要职，是庆元县重要的乡贤，庆元县即在其建议下设立并以“庆元”年号命名。胡纮夫妇墓出土瓷器以龙泉青瓷和景德镇青白瓷为主，质量均极高，龙泉青瓷以象钮盖罐为多，另有梅瓶、花口盘、花口盏等，青白瓷有盖罐、盖盒和小碟[③]。无论是青瓷，还是青白瓷，均为日用器具，传达出来的意蕴均是不尚雕琢、以简以素为美的宋瓷之韵，也是这个阶层高等级文人美学风格的代表。

此外，展览中的汝窑青瓷也是一大亮点，在品茶、饮酒、插花等几个场景均可看到。青釉茶盏、茶托端庄秀丽；温碗以莲瓣为形，器身线条优美，极具韵律感；纸槌瓶优雅古朴，瓶口、瓶颈、器腹收缩有致，平衡感较强；长颈瓶小口，细颈，圆腹，线条变化张弛有度，促成总体的圆润感和节奏感，开片满布，更添几分韵致。天青釉瓷器是汝窑一类制作精细的瓷器，这类瓷器大多呈色稳定，釉质匀净温润，釉层较厚，布满小块开片，裂而不散，散而不乱，极富装饰性。器物造型规整，多数器物采用裹足支烧的方法烧制，支钉细小，工艺上的讲究也成就了器物的高雅。汝窑瓷器因其素雅洁净，古拙清逸的气质，向为宋代文人所推崇。

总体而言，雅器的精致与素净，也是宋代文人以平淡心境处世物化的反映。一曲词，一盘棋，一卷书，一幅画，一盏茶，一碗酒，一炉香，一枝花，便构成宋人细腻生活的基本元素，而清秀婉约的瓷器载体更为这样的生活添了几分逸趣。

浓抹之俗器

当然，宋瓷整体风貌并非仅以典雅和浅淡为代表，还有很大一部分市井庶民喜闻乐见的通俗类瓷器，这类瓷器装饰风格或热烈张扬，或细腻婉约，题材庞杂，多带有吉祥美好的寓意。磁州窑类型和吉州窑类型窑口以彩绘瓷为代表的主流产品便是“俗器”的典型代表。这些窑口主流产品胎釉品质可能较“雅器”差，但其一方面通过改善自身生产条件上的不足，努力模仿当时的名牌产品；另一方面也根据市场需求，自主创新发挥自身优势，逐渐形成自身产品特色，成为民窑品牌。利用彩料装饰瓷器，并将其发挥到相对极致的水平，便是磁州窑和吉州窑的一大特色，在绘画技巧上，两者都借鉴了当时的文人画，将其笔墨技法融入瓷器绘画之中，这也是其时南北方地区民窑的绘画水平的代表。下文以这两种风格窑口彩绘瓷器为例，进一步阐释宋瓷里因“浓抹”而出彩的“俗器”。

磁州窑类型窑口主流产品在器形上主要以日用器为主，使用阶层也只是下层地主和一般平民家庭。白地黑花和红绿彩（图 1、图 2）是其较为典型的装饰手法。其中白地黑花更加突出，其通常以黑彩在白色化妆土上作画，黑彩与白地色差对比强烈，仿水墨画之效果。白地黑花纹饰取材广泛，种类多样，可分植物纹（图 3）、动物纹（图 4）、人物纹（图 5、图 6）等几大类，画风粗犷，线条舒朗。植物纹方面，以牡丹、芍药、莲花、菊花最为多见，还有各类草叶纹、忍冬纹。在大件器物上流行小碎叶的缠枝牡丹、芍药等，小件器物上多用复杂的大叶折枝牡丹、缠枝莲花或很简单的单株草叶纹，画风潇洒流畅，奔放热情。其中牡丹有富贵之意，莲、菊有高洁之誉，都寄寓着时人对生活的美好期盼与人生的美好追求。动物题材比较广泛，飞禽走兽均有涉猎，常见鱼、兔、鹿、鹤、鸭、芦雁、鹌鹑、蜂蝶等，多装饰于瓶、罐、枕等大件器物上。其中鱼有“余”之意，代表生活富足，连年有余，又有“鲤鱼跃龙门”之象征，表示人们对锦绣前程的期许[④]；兔有日落月升、时光流逝之意，也有道家天地周转阴阳轮回的哲学，还有多子多福、家族兴旺的象征[⑤]，所以应用广泛；鹿同“禄”，与“福”搭配又有“福禄双全”之意；鹤常与龟搭配使用，

图 1 河南鲁山段店窑红绿彩碗
鲁山县段店窑文化研究所藏

图 2 河南当阳峪窑红绿彩人物俑
北京艺术博物馆藏

图 3 磁州窑白地黑花缠枝芍药纹梅瓶
磁州窑博物馆藏

图 4 磁州窑白地黑花竹枝鸟纹枕
磁州窑博物馆藏

图 5 磁州窑白地黑花婴戏纹枕
磁州窑博物馆藏

图 6 河南鹤壁窑白地黑花婴戏纹枕
鹤壁市博物馆藏

示意长寿。两宋时期磁州窑人物纹多见婴戏题材，常绘于枕面，主要反映孩童嬉戏玩乐场景，有童子莲花纹、婴卧花草纹、婴戏动物纹（内容大致有池塘赶鸭、婴戏小鸟、儿童扑蝶、儿童捉虫、儿童垂钓等）、儿童游戏纹（蹴鞠、放风筝）等题材[⑥]，婴戏题材除了是对真实生活面貌的折射之外，一定程度上也是人们对繁衍生殖的隐晦表达。[⑦]

此外，将文字作为一种纹饰用于器物表面在磁州窑类型窑口里也比较常见，其形式上主要有民谚（图7）、诗词曲赋、吉祥语、姓氏以及其他单字款（图8）等。由于窑工文化水平有限，常用句式中错别字也比较多见，一定程度上也反映出了这些地方窑场的窑工文化水平和社会风貌。以河南鹤壁窑为例，有“赵、杨、张、刘、李、宋、褚、柳、林、金、苏、崔、郭、马、孔、何”等反映窑主或工匠姓氏的铭文；有“称心如意”“十方诸佛”“长命富贵”“招财进宝”“清静道德”“香花供养”“田蚕万倍”“五谷丰登”“国泰民安”“天下太平”“春花秋月”“夜雨秋风”“黄花红叶”“春夏秋冬”“春秋有雨”“天地日月”等吉祥语；还有“有雨花开早、无霜叶落迟”“旦（但）行好士（事），莫问前呈（程）”等通俗民谚，这些碗铭和吉祥语、民谚、诗词，除了表明民间生活的美好愿景之外，也反映了窑场书写商品标记为提高产品竞争力、招揽顾客所做的努力。[⑧]

吉州窑釉下彩绘在技法上与磁州窑类型窑场白地黑花装饰大体一致，最显著的区别是，吉州窑彩绘产品一般不加化妆土，直接于胎体上作画，因吉州窑胎体白度较低，若直接采用黑彩，胎与彩料反差比较生硬，所以在成品中褐彩较多[9]，黑白对比相对柔和。在风格上，磁州窑笔触粗犷豪放，而吉州窑则更加细腻婉约。与磁州窑类似，南宋时期吉州窑采用釉下彩绘装饰题材种类繁多，以植物纹（图 9）、动物纹（图 10）、几何类等几类纹饰多见，文字类、人物纹则比较少见。植物纹多见卷草、蕉叶、荷叶、荷花、芦苇、菊花、兰花、灵芝、松、竹、梅、灵芝、牡丹等；动物纹有飞凤、喜鹊、鸳鸯、奔鹿、鱼、蝴蝶等；几何纹类有回纹、弦纹、连弧纹、织锦纹等。[10]吉州窑釉下彩绘构图中最有特点的是开光装饰手法的运用（图 11），开光形式有圆形、方形、长

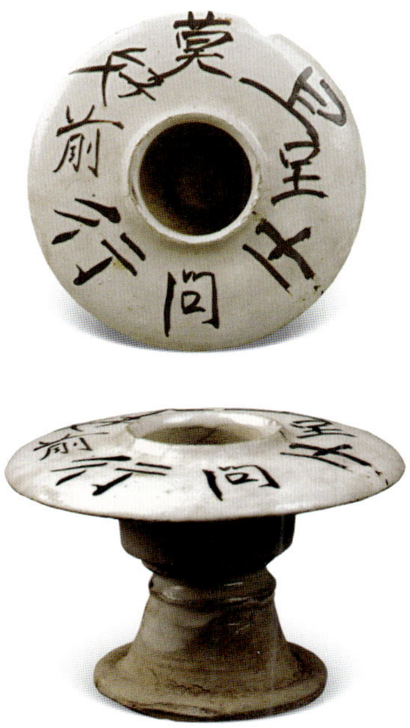

图 7 河南鹤壁窑白底黑花“旦（但）行好士（事），莫问前呈（程）”炉

鹤壁市博物馆藏

图 8 河南当阳峪窑“钱”字碗

河南省文物考古研究所藏

图 9 吉州窑白釉褐彩兰蝶纹瓶

江西省博物馆藏

图 10 吉州窑白釉褐彩花鸟纹瓶
湖南省博物馆藏

图 11 吉州窑白釉褐彩鹿纹瓶
江西省博物馆藏

方形、银锭形、四连弧形、六连弧形、椭圆形、菱花形，在有效的空间内增加了纹饰的层次[11]，更具艺术色彩。

磁州窑与吉州窑，以白地黑花或白釉褐彩为代表的主流产品，在装饰上都习惯采用生活气息浓厚、乡土乡俗风味十足的花纹样式，这也是平民大众所喜闻乐见的题材，也反映了时代生活风貌和百姓生活愿景。

淡妆浓抹总相宜

宋代瓷器的生产与发展，大体是为了迎合以文人士大夫为代表的清雅艺术和以庶民阶层为代表的世俗艺术两方面的需求，在这两个风格迥然不同的市场需求的刺激下，宋瓷沿着满足士风雅韵，迎合市井小趣，雅俗相宜的发展线路，带来了百花齐放的瓷业面貌，也呈现出了宋人独有的审美风格和生活旨趣。

雅与俗之间，宋瓷在工艺设计和制作上，显示出了这个时代窑工的巧思细作和大时代的审美理想。器物上，更讲究美用兼具，造型上强调对称性、平衡感和韵律感，功能上更关注实用性、日用化。装饰上，雅致之器讲求素净内敛，素面瓷器所占比例较大，纹饰题材内容丰富，但展示方式相对含蓄，即通过在胎体上的刻、划、印花，低调覆于单色釉之下；通俗之器则追求张扬热闹，装饰技法多样，题材庞杂，常以表现力丰富的彩料绘画，反映市井生活。制作上，雅器用料精细，装烧工艺讲究，强调成品的外观精美；俗器用料、装烧普遍粗犷，多迎合市井生活，在保障基本成品率的前提下，更注产量的输出。

淡妆浓抹总相宜，宋人风雅与世俗齐行的审美态势，兼容并蓄，织就出了瓷器雅俗共赏的锦绣时代。

注释

① 安徽省文物志编辑室编：《安徽省文物志稿·补编》，安徽省文物志编辑室，1996年，第203页。

② 王业友：《浅谈宿松纪年墓出土的北宋影青瓷器》，《景德镇陶瓷》1984年总第26期，第60—63页；卞坚：《釉色纯美 静穆雅致——北宋元祐丁卯年纪年墓出土瓷器精品赏析》，《文物天地》2017年第4期，第20—22页。

③ 柯旭东、郑建明：《庆元胡紘墓与南宋中期龙泉窑》，《文物天地》2015年第9期，第129—133页。

④ 齐守明：《磁州窑瓷器上的鱼纹装饰》，《收藏家》2015年第6期，第26—28页。

⑤ 王时磊、李寒梅：《磁州窑的兔纹瓷器》，《收藏》2011年第6期，第69—73页；刘志国：《磁州窑的兔崇拜和兔纹样》，《陶瓷科学与艺术》2011年增刊，第58—60页。

⑥ 林海慧：《磁州窑瓷器中的儿童世界》，《文物鉴定与鉴赏》2012年第6期，第18—25页。

⑦ 曹淦源：《“婴戏图”试论》，《景德镇陶瓷》1987年第4期，第37—41页。

⑧ 张增午：《浅析豫北磁州窑系与河北诸窑的关系》，《文物春秋》1997年增刊，第175—180页。

⑨ 彭明瀚：《雅俗之间——品读吉州窑》，《南方文物》2007年第2期，第129页。

⑩ 吴水存：《江西吉州窑彩绘瓷器的研究》，《故宫博物院院刊》2001年第5期，第78—80页。

⑪ 北京艺术博物馆编：《中国吉州窑》，中国华侨出版社，2013年，第131页。

后记

2012年年初时，时任副馆长李建毛提出想策划一个反映古代人慢生活的展览，以引导当下生活压力大的人们调整心态、缓解压力，这个想法得到我们几个策展人员的响应。可惜时逢我馆正式启动新馆改扩建工程，馆内主要业务力量全部投入到新馆基本陈列的策划与实施工作中，暂停对外开放服务，这一想法暂被搁浅。近年来，关于反映宋代文人题材的展览也越来越多，例如中国国家博物馆、台北故宫博物院、浙江省博物馆、四川博物院、鸦片战争博物馆、深圳博物馆等，以不同器物、不同主题举办了反映宋朝历史、文化与艺术的专题展，为我们的展览策划提供了宝贵经验，但展览的主题思想、切入视角与我们策划此展的角度都不同。于是，时隔八年我们再次提出继续完成多年前的心愿，策划反映宋朝人慢生活的主题展。

2019年7—8月，我们在2012年的设想的基础上重新构思框架结构，开始遴选展品。展品初步选定后，同年9—12月，内容策划人员与艺术主设计师一起开始奔赴安徽、江苏、浙江、四川等地，分别与各家收藏单位商借展品事宜；年后因疫情原因未能到访的其他单位，则分别通过电话、微信、文函等方式沟通联合办展、商借展品事宜，最终得到各家兄弟单位的大力支持，各单位的具体执行工作人员也积极配合、落实，原选定部分文物因各种原因不能借展或调换同类文物，大部分单位都提供了基本信息与文物描述等所需资料，在此一并深表感谢！

作为本展览的内容策划人员，我们自始至终参加了本展览各项工作，除了策划、审核内容方案之外，还负责设计版面图文与图录内容的审定、讲解培训、布（撤）展等工作，为展览的学术性、知识性提供了专业支撑。展览内容策划具体分工如下：

郑曙斌：撰写“晴窗抚琴”“闲来弈棋”“折枝插花”“燕居焚香”四个部分；

卢莉：撰写“挥毫作书”“兴起作画”两个部分；

王树金：撰写“品茶论道”、前言、结语、后记并负责审稿；

郭三娟：撰写“把酒临风”之酒具，统稿；

聂菲：撰写“把酒临风”之食具；

舒丽丽：撰写“玩古清赏”部分。

本展览得到馆党委书记、馆长段晓明的高度重视，邀请了后来调至湖南师范大学任教的李建毛教授与本馆部分业务人员对内容设计方案进行了专门讨论，并对观众五官体验式互动提出了很好的创意；党委副书记、副馆长陈叙良对本展览各项工作给予了大力支持。在展品联络协商、协议书签署、文物运输等外联工作上，张锋、张艳华两位同志给予了大力协助；编辑出版部主任聂菲带领部门同志不惧烦琐，负责图录的编辑、校样、出版等工作。本展艺术主设计师吴倩与黄申同志进行了一次大胆的形式创新设计，很好地展现了内容策划意图。另外在宣传推广、教育活动、财务保障、后勤制作施工、文物布展、文创研发、数字展示、开放管理、安全保卫等各项工作中，各部门主任与相关成员都投入了精力，付出了辛劳，为展览顺利开展保驾护航。

在此衷心感谢各位领导、同仁与兄弟单位的大力支持与帮助！

2020 年 8 月 28 日

图书在版编目（CIP）数据

闲来弄风雅：宋朝人慢生活镜像 / 湖南省博物馆编 . -- 长沙：岳麓书社，2020.9
ISBN 978-7-5538-1376-9

Ⅰ . ①闲… Ⅱ . ①湖… Ⅲ . ①社会生活 – 史料 – 中国 – 宋代 Ⅳ . ① D691.9

中国版本图书馆 CIP 数据核字（2020）第 185906 号

书　　名	闲来弄风雅：宋朝人慢生活镜像 XIAN LAI NONG FENGYA：SONGCHAO REN MAN SHENGHUO JINGXIANG
编　　者	湖南省博物馆
责任编辑	王文西
责任校对	舒　舍
特邀编辑	聂　菲　杨慧婷　谢文奕　邱建明
校对比红	王　超　刘慧林　曹梦茜
翻　　译	路旦俊
书籍设计	绿光视觉艺术工作室
出版发行	岳麓书社 湖南省长沙市爱民路 47 号　410006 http://www.yueluhistory.com（岳麓书社官网） lzfts.tmall.com（岳麓书社天猫店）
印　　刷	雅昌文化（集团）有限公司
版　　次	2020 年 9 月第 1 版 2020 年 9 月第 1 次印刷
开　　本	1/8　635 毫米 × 965 毫米
印　　张	37.5
字　　数	388 千字
国际书号	ISBN 978-7-5538-1376-9
定　　价	450.00 元